LE GUIDE
DE L'ÉCRITURE INSPIRÉE

Françoise Gauthier

LE GUIDE DE L'ÉCRITURE INSPIRÉE

UN OUTIL PUISSANT POUR SE RECONNECTER À SOI

Le lotus & l'éléphant
POCHE

Publié pour la première fois en 2018 au Canada par les Éditions La Semaine
une division du Groupe Sogides inc., filiale de Québecor Média inc.,
sous le même titre.

Groupe Homme
4545, rue Frontenac, 3e étage
Montréal (Qc) H2H 2R7
Canada

Édition poche

58, rue Jean Bleuzen – 92178 Vanves Cedex

Édition : Margot Baudichet
Fabrication : Anne-Laure Soyez

Dépôt légal : août 2023
ISBN : 978-2-01-723368-8
74-9701-5
Couverture : © Tatyana Antusenok – iStock
Achevé d'imprimer en Espagne en août 2023

À tous les chercheurs
de petites et grandes vérités

SOMMAIRE

DEUXIÈME PARTIE
RECONNAÎTRE L'INSPIRATION

TROISIÈME PARTIE
LA TECHNIQUE

INTRODUCTION

Je pratique l'écriture inspirée depuis 2007, et je l'enseigne depuis 2011. Cet exercice quasi quotidien a littéralement changé le cours de ma vie, notamment en lui donnant une direction claire, mais aussi en me permettant de mieux me connaître, me reconnaître même, de voir mes angles morts dans des situations confrontantes ou ambiguës, de m'élever en conscience, de calmer certaines angoisses existentielles, de me guérir, et bien plus encore.

D'entrée de jeu, sachez que je fais la distinction entre l'écriture inspirée et l'écriture automatique. Selon mes observations, l'écriture automatique est l'apanage de quelques médiums de talent qui ressentent une impulsion incontrôlable dans la main, une impression que « le stylo écrit tout seul » quand ils captent un message en provenance de l'Invisible. J'ai été témoin de ce phénomène à plusieurs reprises. D'abord en 2002, avec la médium à l'origine des messages reçus de mon père, décédé en 1977, que j'ai retransmis dans mon premier livre, *On ne meurt pas*[1]. Puis, je l'ai constaté chez quelques autres personnes, interviewées au fil de mes années de recherches. Mon expertise, par contre, se situe sur le plan de l'écriture inspirée, c'est-à-dire que mon stylo « ne part pas tout seul ». Il faut que je me

1. Éditions Publistar, 2010.

mette en action pour recevoir l'information des mondes subtils.

Je pourrais résumer la technique que j'utilise en une phrase comportant trois actions simples : asseyez-vous, ouvrez votre cahier et écrivez !

C'est comme cela que j'ai commencé et c'est encore, à ce jour, ma méthode d'exécution à la limite simpliste, je l'admets, mais combien efficace ! Pourquoi écrire un guide de l'écriture inspirée comme outil d'élévation de conscience, alors ? Parce que c'est motivant et rassurant d'être accompagné dans cet apprentissage, notamment pour apprendre à se faire confiance et laisser tomber quelques croyances limitantes.

Bien sûr, il n'y a pas qu'une seule façon d'exercer l'écriture inspirée. Il n'existe pas non plus de vérité absolue dans le domaine très vaste des contacts avec l'Invisible. Plusieurs petites vérités se révèlent et nous accompagnent sur ce chemin d'éveil… Jusqu'à ce qu'elles soient remplacées par de nouvelles vérités, en fonction de notre niveau de conscience en constante évolution. Je tiens donc à le préciser d'emblée : je ne possède nullement la vérité en la matière et je ne saurais vous enseigner une méthode infaillible de connexion à la Connaissance. Je pratique cet art parce qu'il m'aide à trouver des pistes de vérités personnelles au quotidien. Je l'enseigne parce que son langage est universel et accessible à tous. Tout le monde peut écrire, si on considère que la qualité de la langue et de l'orthographe ne change rien à la profondeur des enseignements qu'on peut recevoir en Inspiration.

Avant de commencer à enseigner cette technique, j'ai pris le temps de décortiquer mon propre processus intérieur pour mieux le mettre en mots et le retransmettre. Je partage donc avec vous mes trucs et observations qui ont facilité ma pratique de l'écriture inspirée au fil des années. Vous trouverez ainsi de nombreux exemples qui illustrent ses différents usages et les bénéfices qui en découlent. Pour les besoins de la cause, j'ai choisi les textes les plus percutants, ceux qui ont donné une direction à mes projets, qui m'ont éclairée dans des moments plus sombres, qui m'ont montré une perspective plus large de la Vie et qui m'ont transmis des parcelles de Sagesse. Mais sachez que les autres textes ne sont pas insignifiants pour autant. Selon mon vécu, il n'existe pas d'écriture inutile, qu'elle nous semble pertinente ou non sur le coup. Certaines perles se dévoilent parfois des années plus tard. Il faut donc se montrer patient, faire confiance au processus, et, surtout, s'amuser en cours d'exercice.

Dans la dernière section, vous pourrez vous familiariser avec les principaux indices qui nous permettent de reconnaître l'Inspiration, ce qui tend à augmenter la confiance et le plaisir de s'entraîner à cette forme de connexion avec l'Invisible. Vous trouverez aussi des réponses aux questions les plus fréquemment soulevées en atelier et des arguments pour dissoudre la plupart de vos appréhensions. Enfin, si vous le souhaitez, vous pourrez suivre les exercices dirigés, pour entreprendre votre pratique avec assurance.

Mais d'abord, je vous raconte comment cet outil exceptionnel a façonné mon parcours, en espérant vous inspirer et vous inciter à votre tour à prendre votre stylo et à écrire.

PREMIÈRE PARTIE

L'OUTIL

QU'EST-CE QUE L'ÉCRITURE INSPIRÉE ?

L'écriture inspirée est une technique simple qui permet une connexion directe avec le grand Soi (aussi appelé Soi Supérieur, Moi Supérieur, grand Je ou Je Suis Véritable, Essence, Guides, etc.), c'est-à-dire la partie de nous branchée sur la Connaissance universelle. Dans le présent ouvrage, j'utiliserai également les mots « Esprit » ou « Conscience » comme synonymes du grand Soi, et « esprit » ou « conscience » pour parler du mental, c'est-à-dire de l'intellect, du cerveau logique.

Tous les êtres humains sont en connexion permanente avec cette Connaissance circulant librement dans l'Univers. Selon ma compréhension actuelle, chacun d'entre nous est constitué d'un duo Âme-Esprit en exploration sur la Terre dans un véhicule de matière. La fusion Âme-Esprit-Corps correspond au concept de base de la trinité, transmis dans plusieurs courants spirituels. L'Âme, qui est associée au principe féminin, et l'Esprit, au principe masculin, se rencontrent pour créer une troisième entité, le Corps, comme c'est le cas pour toute forme de création dans l'Univers.

Le langage de l'Esprit se traduit par des Inspirations qui se glissent dans notre dialogue intérieur. Cette Inspiration, branchée directement à la Connaissance, se manifeste par des idées, des perceptions ou des images qui se fondent au flot de pensées incessantes, pendant le jour, et dans nos rêves, la nuit. On peut entendre ses messages et bénéficier de ses précieux enseignements lorsque notre mental hypersollicité se libère des préoccupations du quotidien, ou en se rappelant nos rêves au réveil.

Les Sensations, quant à elles, représentent le langage de l'Âme. Les signaux que le corps physique nous transmet, quand notre ventre se noue, notre poitrine se ferme ou notre gorge se serre, par exemple, nous offrent des indices clairs que ce lieu, ce travail, ce projet ou cette relation ne nous convient pas. À l'inverse, une ouverture de poitrine ou un chatouillement effervescent dans l'estomac indique que nous sommes à la bonne place avec les bonnes personnes. Les Sensations sont captées de façon subtile, puis analysées par le mental en fonction de ses conditionnements. C'est pourquoi on se retrouve souvent dans des situations désavantageuses qui auraient pu être évitées en portant attention aux ressentis plutôt que d'analyser les pour et les contre en fonction de notre éducation et de nos acquis intellectuels.

Puisque notre Essence universelle s'exprime par cette union Âme-Esprit-Corps, savoir entendre et décoder son langage devient un incontournable sur un chemin d'éveil. En clair, l'ouverture à nos sens subtils, ligne de communication directe avec le grand Soi, devient primordiale pour reconnaître qui on EST réellement.

Dans cette quête de reconnaissance et d'union à Soi, l'écriture inspirée se présente comme un outil simple et efficace pour faire une pause hors du flot de pensées conditionnées. Encore faut-il se permettre de créer un espace propice à accueillir le souffle de notre Esprit, accompagné des Sensations induites par l'Âme, et de capter ce qui se présente, sans filtre ni jugement.

J'ai découvert l'écriture inspirée en 2007, lorsque ma grande amie Anne-Marie Séguin (dont l'histoire de guérison spirituelle est relatée dans *Vivre et mourir… guéri !*[1] et dans *L'insoutenable légèreté de mourir*[2]) m'a lu un texte qu'elle avait reçu pendant la nuit et qui, de toute évidence, « ne venait pas d'elle ». J'entends par là que les mots, les tournures, le contenu ne ressemblaient en rien à son langage habituel. À cette époque, je travaillais à titre de journaliste pigiste, et un de mes mandats consistait à faire des entrevues avec des gens qui avaient connu un éveil de conscience transcendant. Plusieurs de ces entretiens se retrouvent d'ailleurs dans le recueil *La vie, la mort et autres histoires d'éveil*[3]. En écoutant mon amie me lire son message, j'ai tout de suite reconnu le ton que plusieurs *channels* empruntent quand ils transmettent des messages des mondes invisibles.

Selon l'interprétation des chercheurs américains qui s'intéressent aux états altérés de conscience, il faut distinguer médium et *channel*. Un médium a la faculté affinée de communiquer avec les personnes décédées, alors qu'un *channel* sert d'intermédiaire pour des Énergies en provenance d'autres dimensions, qu'on appelle aussi des Maîtres ascensionnés, des Anges, des Guides, des Êtres de lumière… Or, la forme du texte que mon amie me lisait était celle d'un *channel* qui transmet un message de « Guides » quelconques. Quand elle a eu terminé sa lecture, je lui ai lancé sur un ton assumé : « Mais Anne-Marie, tu canalises ! »

---

1. Éditions Ariane, 2014.
2. Éditions La Semaine, 2017.
3. Éditions La Semaine, 2016.

Personnellement, je ne fais pas la distinction entre les deux, puisque je prétends que nous sommes tous, à différents niveaux, médiums et *channels*. Je n'ai aucune idée non plus de la provenance de ce que je reçois en Inspiration. Est-ce un ou des Guides, des Maîtres, mon inconscient, un aspect de la Conscience collective, ou Dieu lui-même qui me parle ? Pas la moindre idée. Alors, j'ai adopté l'expression consacrée « grand Soi » pour en désigner l'origine. En fait, la source exacte de cette Inspiration n'a aucune importance ! Pourquoi ? Parce que je ne pourrai peut-être jamais prouver quoi que ce soit dans ce domaine encore inexploré et, par définition, mal compris, souvent même mal perçu. Ce que je sais, par contre, c'est que ça fonctionne. Pas toujours à cent pour cent, je tiens à le préciser. L'écriture inspirée n'est pas une science exacte en tout temps. Mais à la relecture, je peux toujours trouver un mot, une phrase, un paragraphe qui m'inspire et répond à mon questionnement du moment.

Je reviendrai ultérieurement sur les différents indices nous démontrant qu'on se trouve bel et bien en connexion avec l'Inspiration, mais disons pour l'instant qu'une grande partie de ma création (conférences, ateliers, livres, relations amoureuses, projets de vie de toutes sortes) des dernières années m'a été soufflée en écriture inspirée. Et sans prendre tout au pied de la lettre, j'ai appris avec le temps à faire confiance à la justesse de mon canal.

Avec le recul, je constate que cette pratique m'a transformée également sur le plan humain, en m'ouvrant notamment à un champ élargi de conscience aux possibilités infinies.

MON HISTOIRE AVEC L'ÉCRITURE INSPIRÉE

C'est en voulant imiter mon amie que j'ai découvert la puissance de l'écriture inspirée comme outil d'évolution personnelle. Je raconte souvent sur le ton de la plaisanterie que « je n'ai rien inventé dans la vie, je suis plutôt la reine des copieuses » ! En fait, j'apprends beaucoup par l'exemple. Quand quelqu'un fait quelque chose qui semble fonctionner et qui m'interpelle, je teste sa méthode et l'adapte à mes besoins. En constatant que mon amie recevait des messages inspirés au beau milieu de la nuit, je me suis dit que je pouvais sans doute en faire autant. Et je l'ai imitée !

J'ai toujours cru en l'abondance pour tous. Bien sûr, je suis consciente que certaines personnes sont plus talentueuses que d'autres, et ce, dans tous les domaines. On pourrait d'ailleurs comparer l'écriture inspirée à la pratique du chant ou du piano. Chacun d'entre nous, sans exception, peut apprendre à chanter et à jouer du piano. Mais pour devenir chanteur, il faut entraîner sa voix, faire des vocalises, comme le fait un athlète qui veut exceller dans son sport. Pour devenir pianiste, on doit faire ses gammes et développer ses habiletés techniques avant de laisser courir librement ses doigts sur le clavier. Par contre, si tout le monde peut chanter et apprendre à jouer du piano, on s'entend pour dire que certaines personnes ont un talent inné pour la musique, et par conséquent, elles seront plus douées que les autres. C'est aussi le cas en écriture.

Même si j'ai toujours dit qu'Anne-Marie était la Céline Dion de l'écriture inspirée, je ne me suis pas laissé impressionner par son talent exceptionnel. Au contraire, elle m'a poussée, sans le savoir, à développer le mien. Puis je me suis lancée les yeux fermés dans l'aventure, de la même façon que je l'avais fait quand j'ai commencé à suivre des cours de chant dans la jeune vingtaine, sans pour autant chercher à devenir chanteuse professionnelle. L'écriture inspirée s'est littéralement imposée à moi comme une forme d'art créatif, aussi nourrissant et libérateur que chanter à gorge déployée.

De plus en plus motivée à développer la communication avec l'Invisible, je me suis donc mise à écrire tous les jours, sans pouvoir vérifier si ce que j'écrivais était beaucoup, un peu ou pas du tout inspiré. Pour être honnête, je pensais réellement que tout ce babillage intérieur transposé sur papier pouvait se résumer en trois mots : « N'importe quoi ! » Était-ce le fruit de mon imagination, de mes conditionnements, de mes peurs, ou cela provenait-il, en somme ou en partie, de mon grand Soi ? Je n'en savais rien. Alors j'écrivais, sans me poser de question. Tous les matins, ou presque, pendant plus de trois ans, je m'imposais la même joyeuse routine de m'asseoir tranquille pour méditer, puis de prendre mon stylo et de poser une question ouverte à ce que je nomme l'« Univers ». Je notais ensuite tout ce qui me venait, sans juger et sans filtrer, même quand la réponse me semblait complètement loufoque.

Parce que je suis têtue, mais aussi parce que l'exercice en soi me faisait du bien, j'ai persévéré. Parfois, je me disais que ce n'était peut-être qu'un exutoire pour me libérer des pensées parasites encombrant mon mental, ou une façon de faire ressurgir des émotions logées dans mon inconscient, que j'avais occultées pour ne pas souffrir. Peut-être aussi que je me racontais des histoires, par moments, pour me faire plaisir. Peut-être, peut-être…

Un jour, après trois années de pratique quasi quotidienne, j'ai eu l'élan d'ouvrir un de mes vieux cahiers pour relire quelques textes choisis au hasard. Quelle ne fut pas ma surprise de constater à quel point les mots résonnaient et m'apparaissaient d'une grande sagesse ! Certains messages me prédisaient des créations professionnelles ou personnelles qui s'étaient par la suite réalisées, d'autres me montraient un point de vue élargi d'une situation pour laquelle j'avais ensuite trouvé une solution, d'autres encore me permettaient de mieux comprendre un état d'esprit perturbé du moment. J'ai malheureusement égaré ces premiers cahiers dans un de mes nombreux déménagements, mais je garde un souvenir très franc de la sensation qui m'habitait en découvrant qu'une grande partie de l'information reçue en Inspiration s'avérait en fait d'une grande justesse !

Mais l'ego, ce personnage tenace aux nombreux masques, résiste. Les gens sur un chemin d'éveil savent pertinemment que la résistance, notamment à notre propre lumière, à notre grandeur, est à la source de toutes nos souffrances. Même quand on s'ouvre à cette nouvelle réalité, on continue de résister. Ce cher ego cherche à nous maintenir dans le statu quo, non pas par cruauté, mais bien pour nous protéger de l'« inconnu » et surtout des changements qu'il pourrait provoquer. J'ai donc résisté encore quelques semaines à cette connexion à mon grand Soi. Jusqu'à ce que je vive un choc émotionnel qui m'a ramenée brutalement à la partie de moi qui SAIT et qui ne cherche qu'à me montrer le chemin le plus rapide vers ma pleine réalisation.

Ce matin de printemps 2010, je me suis réveillée vers quatre heures, en panique, après avoir fait un rêve troublant. De l'espace onirique, j'observais en retrait une scène où mes producteurs télé discutaient vertement avec l'équipe de direction de Canal Vie, diffuseur de ma série documentaire sur les médiums, *Si c'était vrai*. Les arguments de part et d'autre s'affrontaient autour du renouvellement du contrat pour une deuxième saison. Je ressentais très bien l'agitation, puis la déception de toute l'équipe de production en apprenant que le contrat ne serait finalement pas reconduit, faute de financement.

Perturbée par la vraisemblance de ce rêve, j'ai dû attendre jusqu'à neuf heures pour appeler ma productrice qui n'a pu que me confirmer la nouvelle, tombée tard la veille.

— Je ne peux rien te cacher, France ! J'allais t'appeler ce matin pour te l'annoncer de vive voix...

Je n'ai rien entendu du reste de son discours. Je n'avais qu'une pensée en tête : « En effet, on ne peut plus me cacher grand-chose ! » Mon grand Soi se charge de me prévenir, pour atténuer les coups, je présume ! Cette ligne directe entre le grand « Je » et le petit « je » s'impose de plus en plus quand on s'ouvre à la communication subtile. L'Esprit trouve mille chemins pour se manifester, dont celui du rêve.

J'ai pris conscience à cette époque que j'avais toujours été une perceptive pure. Quand je travaillais comme journaliste d'enquête à TVA, l'animateur d'affaires publiques Jean-Luc Mongrain me disait souvent que j'avais « le derrière bardé de médailles ». Pour lui, cela laissait entendre que j'étais chanceuse, parce que chaque fois, ou presque, que je partais en reportage pour démasquer un bandit, je le prenais la main dans le sac ! Façon de parler, bien sûr, mais je possédais un sens du *timing* exceptionnel qui faisait en sorte que je me retrouvais presque toujours à la bonne place au bon moment. À l'époque, j'appelais ça « ma bonne étoile ». Aujourd'hui, je sais que cette « bonne étoile » a un nom populaire : l'intuition féminine. Dans mon cas, je parlerais plutôt de perceptions fines qui se manifestent le plus souvent par une impression de le « savoir » dans tout mon Être.

Selon ce que j'en comprends, il y a une différence entre les deux. L'intuition est en fait le mot consacré pour nommer le langage de l'Âme, qui regroupe les différentes Sensations. Si on parle souvent d'intuition féminine, c'est justement parce que cette faculté de ressentir ou d'être ému par des ambiances, des gens ou des événements est rattachée au principe féminin en chacun de nous. Il suffit d'accueillir ce féminin et de s'y connecter pour « entendre » l'Invisible nous parler par le corps.

Les perceptions, quant à elles, sont associées au langage de l'Esprit et se présentent sous forme d'inspirations, d'idées qui s'imposent comme une vérité du moment. Nous venons tous au monde avec des facultés sensitives et perceptives plus ou moins développées. Un individu peut se montrer plus sensitif que perceptif au début de sa vie, et un autre, plus perceptif que sensitif. Au fil du temps, la vie nous offre toutes les occasions de développer l'autre faculté. Plus nous sommes conscients de ce fait, plus les sens subtils se raffinent, et plus les principes masculin et féminin s'équilibrent, ce qui contribue grandement à notre élévation spirituelle. Je répète souvent d'ailleurs qu'une des clés pour entrer dans le Nouveau Monde consiste à harmoniser notre féminin et notre masculin. C'est d'ailleurs l'écriture inspirée qui m'a confirmé en 2015 que je n'étais plus « ni femme ni homme » quand j'ai commencé à intégrer consciemment ce concept dans mon corps ! Une fois l'effet de surprise dépassé, j'ai compris que je pouvais me laisser guider sans réserve, tant par les perceptions que par l'intuition, pour prendre toutes mes décisions, sans laisser mon mental conditionné prendre le contrôle.

L'ÉCRITURE INSPIRÉE QUI DONNE UNE DIRECTION À NOTRE VIE

Revenons donc à mon histoire. Après cette conversation avec la productrice, je me suis retrouvée en choc, un état qui se traduit chez moi par la sensation désagréable de me faire prendre en flagrant délit de tricherie à un examen, même quand je n'ai rien fait de mal. S'ensuit une réaction biochimique me laissant au passage une boule dans l'estomac, une chaleur envahissante jusqu'au cuir chevelu, le visage rouge, le souffle coupé par l'émotion… et l'imaginaire qui s'emballe !

Pour mettre de l'ordre dans mes idées, je me rappelle avoir sauté dans ma voiture et roulé sans destination précise pendant plus d'une heure. Une fois de retour à la maison, j'ai sorti de mon coffre l'outil le plus efficace que je possède contre les crises de panique : l'écriture inspirée !

J'ai d'abord pris le temps de méditer, question de calmer un peu mon mental affolé. Puis j'ai posé la question que j'ai le plus posée depuis que je pratique cette technique, en commençant par un préambule de gratitude à « mes Guides », qui contribue à m'élever dans un espace de plus hautes fréquences :

« Merci à mes Frères des étoiles de m'éclairer sur ce vide professionnel que la situation actuelle a créé. Qu'est-ce que je vais faire quand je vais être grande ? »

Puis, la réponse m'est apparue sans que j'aie le temps d'y réfléchir, comme un éclair d'évidence qui nous tombe dessus après que nous avons cessé de chercher obstinément au mauvais endroit, soit dans notre cerveau logique :

Chère fille, les embûches actuelles sur votre parcours professionnel ont pour but de vous ralentir pour vous permettre de faire un reset. *Vous voyez l'image, n'est-ce pas ? Il est temps d'appuyer sur le bouton de l'ordinateur pour tout mettre en* off. *Une pause complète afin de faire le vide, de mettre la machine au neutre, pour mieux redémarrer dans une nouvelle voie. Une nouvelle voix, en fait. Votre voix doit maintenant être entendue. Plus encore que celle des médiums à qui vous souhaitiez donner la parole dans cette deuxième saison.*

Ne vous laissez pas happer par la culpabilité. Leur voix est importante, et justement, elle a été entendue. Vous ne pourriez que répéter ce qui a déjà été dit. D'autres continueront le travail que vous avez amorcé, soyez sans crainte.

Permettez-vous de cesser toutes vos activités professionnelles pour un temps. Cette pause est essentielle à l'émergence de vos dons et à l'ouverture de votre canal.

Je vous épargne la suite du message, puisque l'essentiel se trouve dans ce tout petit bout de texte. Comment je le sais ? Notamment parce que je n'ai pas vu arriver le mot *reset*. Il s'est imposé à moi, sans me laisser le temps d'y penser. C'est un des indices clairs qui nous montrent qu'on est bel et bien inspiré. Non seulement n'ai-je pas réfléchi à une réponse plausible, mais je n'ai pas non plus attendu qu'apparaisse une pensée avant d'écrire. Je me suis mise en action, sans rien forcer, et j'ai transcrit la première idée qui m'est passée par l'esprit.

Si vous retenez uniquement ce petit truc, ce sera suffisant pour commencer à pratiquer l'écriture inspirée. Écrire tout ce qui vous vient, sans filtrer, sans réfléchir, sans attendre l'Inspiration divine, l'idée de génie ou la réponse parfaite. Écrire pour écrire, sans juger que c'est sans doute « n'importe quoi », parce que, en fait, dans ce « n'importe quoi » se glisse l'Inspiration que votre grand Soi cherche à vous transmettre.

Dans les semaines qui ont suivi, j'ai reçu un autre message pour renforcer en moi l'idée du *reset*. On me suggérait cette fois un mode d'emploi précis pour lâcher prise et faire le vide avant de créer un nouveau plein :

« … La prescription est simple : jeux avec les enfants, baignade, kayak et méditation. Dans quelques mois, lorsque vous reviendrez de cette période d'inaction, la vitesse et l'intensité de votre création auront décuplé… »

À la suite de ces messages insistants, j'ai fait une profession de foi. J'ai attendu la fin des classes et je me suis réfugiée avec mes deux enfants dans notre maison de campagne pour l'été, sans travailler sur de nouveaux projets télé ni tenter d'être inspirée de la suite des choses. Peu importe où cela allait me mener, je faisais confiance à la Vie.

Le plus difficile, quand nous suivons nos élans insufflés par l'Esprit, c'est de calmer les angoisses existentielles des gens qui nous entourent ! La plus inquiète était sans doute mon amie Anne-Marie qui me traitait de « naïve » et de « rêveuse » parce que je croyais, sans trop me questionner, les messages que je recevais en écriture. Je trouvais son manque de confiance plutôt cocasse, surtout qu'elle avait été ma première inspiration à pratiquer cette forme de connexion avec l'Invisible !

Quoi qu'il en soit, j'ai maintenu le cap, sans jamais dériver de ma ligne directrice, tout en suivant la prescription à la lettre : jouer, méditer, nager et faire du kayak à souhait !

Au milieu de l'été, j'ai reçu un autre message révélateur. Ma question portait sur la rencontre de la veille avec Anne-Marie et Simon, un de nos amis *channels*. Anne-Marie suggérait d'élaborer un projet impliquant des médiums à Télé-Québec, le diffuseur pour lequel elle travaillait à l'époque. Je lui ai répondu que la chaîne publique n'était certainement pas ouverte à ce type de production, et nous avons discuté fermement, comme ça arrivait souvent quand nous étions en désaccord. Le lendemain, un peu confuse, j'ai voulu vérifier dès le réveil si ma perception était juste.

Voici un extrait du message se trouvant dans mon cahier de l'année 2010, qui me sert toujours d'exemple type pour l'enseignement de cette technique. Vous remarquerez que je m'adresse de nouveau à « mes Frères des étoiles », une appellation désignant des Guides d'une autre dimension. Pour moi, il n'y a pas de contradiction quant à la provenance de l'information. Je présume d'emblée que mon « grand Soi » est en contact permanent avec cet océan de Connaissance, de Tout ce qui Est, dont les Guides. Il faut ajouter qu'à cette époque, tous les textes canalisés par Anne-Marie commençaient par une question à « nos Frères des étoiles », une expression qu'elle avait captée en Inspiration pour identifier la source des messages. Je l'ai par la suite adoptée, par mimétisme.

Et la réponse débutait souvent par « Chère Âme... », puisque c'est la façon dont les Guides et les Maîtres s'adressent à moi quand ils passent par des médiums ou des *channels*. J'ai interviewé des dizaines de médiums et de *channels* qui, en état altéré, m'appelaient « chère Âme ». J'utilise donc cette forme introductive pour amorcer le mouvement d'écriture. Que cela soit bien clair, je n'entends rien. J'imagine seulement que ce grand Soi ou que ces Guides s'adresseraient à moi avec politesse ! Mais surtout, ça me permet d'écrire quelque chose sans attendre « d'entendre des phrases ou des mots soufflés de l'au-delà ». Puis, je me laisse aller à écrire tout ce qui vient, sans me censurer. Pour m'aider, je commence souvent par ce que je nomme une « phrase béquille », c'est-à-dire une formulation que j'invente de toutes pièces en guise d'amorce à mon texte. Vous remarquerez que la première ligne de la réponse correspond à cette phrase béquille.

« Bonjour, mes Frères des étoiles. Je veux être éclairée sur la rencontre d'hier. Est-ce que je suis à côté de mes pompes ou si un projet est possible avec Simon à Télé-Québec ? »

Écrivez, chère Âme, l'inspiration vous vient toujours en écrivant [phrase béquille].

Le projet en collaboration avec les Êtres Âmes-sœurs présents à cette rencontre en est un de communication, tel que mentionné, mais il faut trouver des voies alternatives à vos projets alternatifs.

Le web est votre toile qui peut faire lever le voile !

Certes, l'expertise de l'Être Simon pourra jouer en votre faveur. Vous aurez à affronter beaucoup de gens en résistance qui, pourtant, demandent assistance. Paradoxal, n'est-il point ? Les êtres humains sont parfois des paradoxes ! Souriez, la tâche vous sera facilitée par votre élévation de conscience actuelle. Entretemps, souvenez-vous : baignade, jeux avec les enfants, kayak et méditation ! »

Il est très intéressant de commenter cet extrait *a posteriori*, puisque cette information s'est avérée criante de justesse et a teinté la suite de mon parcours. Sur le coup, je n'ai pas compris dans toutes ses subtilités le sens de la phrase clé : « Le web est votre toile qui peut faire lever le voile. » J'étais, et je demeure à ce jour, une « technouille » par excellence qui ne voyait nullement comment le web pouvait servir concrètement ma future création. Néanmoins, j'en ai déduit qu'il me fallait créer au plus vite un site Internet, ne serait-ce que pour avoir une visibilité sur la Toile et y annoncer quelques événements.

Plutôt doué en informatique, mon amoureux de l'époque m'a proposé de me monter un site maison qui me permettrait notamment de faire la promotion des deux conférences proposées par des organisateurs locaux, à Québec et à Granby, à l'automne, et surtout d'offrir un service gratuit de référence de médiums, coachs et thérapeutes intuitifs à partir d'une banque de noms élaborée au fil de mes recherches sur l'éveil de conscience. Pour le reste, je faisais confiance à la Vie, elle m'indiquerait le chemin à suivre, en temps et lieu.

À la fin de l'été, je suis rentrée en ville avec mes enfants, après avoir passé les vacances les plus ressourçantes de ma vie ! Le 10 septembre, au petit matin, j'ai ressenti une forme d'effervescence, comme si des bulles de champagne remontaient du bas de mon ventre vers le cœur. À la suite de la méditation, j'ai écrit, sans poser aucune question précise, en exprimant d'abord mon état de fébrilité et en remerciant la Vie, ce qui élève instantanément ma fréquence à la vibration de la gratitude :

« L'excitation monte. Je sens que mon défi est tout autant de rester calme que de continuer à m'élever en conscience. Merci, merci, merci. Y a-t-il un message pour moi ce matin ? »

Certes, chère Âme, vos Frères et Sœurs des étoiles sont toujours à vos côtés, particulièrement en cette période de grande bascule de conscience, pour vous bousculer un peu à préparer les conférences et ateliers que vous aurez à donner en grand nombre sous peu !

L'excitation est également un signe de notre présence joyeuse à vos côtés. Vous ressentez notre effervescence à observer, à partir des plans de lumière, les changements en cours sur votre belle planète bleue. Ne craignez pas les changements dans votre vie personnelle, ils sont appelés par votre Âme, et nous vous accompagnons dans ce processus. Vous vous sentez bousculée à agir, à entrer dans l'action de cette nouvelle création. Cette « bascule qui vous bouscule » sera douce à votre Être si vous conservez cette perspective d'observateur, loin du juge ou de la victime des événements. Point de pression, chère fille, seulement un élan de vie en vous qui pousse pour être entendu ! Rappelez-vous que le refus de certaines personnes d'accueillir les changements vers un monde plus équitable et fraternel n'est que pure illusion, puisque tous, sans exception, vont entrer dans cette Nouvelle Conscience, en leur temps, dans une vie ou dans une autre…

Je n'ai pas réagi sur le coup à ce texte. À vrai dire, il m'a tout au plus laissée perplexe, et j'ai continué ma journée sans y repenser. Malgré la précision de plusieurs messages, je doute, encore à ce jour d'ailleurs, de toute information reçue en Inspiration… tant qu'elle ne se confirme pas concrètement ! J'ai donc attendu avant de m'emballer.

Pour me prouver qu'il ne s'agissait pas seulement d'une fabulation de mon mental, plusieurs synchronicités se sont bousculées sur ma route dans la semaine qui a suivi.

D'abord, un producteur d'événements m'a contactée pour me proposer qu'on travaille ensemble. Après m'avoir questionnée au sujet des conférences que je donnais sur demande dans le réseau des bibliothèques depuis deux ans, il m'a lancé sur un ton assumé : « France, je t'écoute parler, là, et je crois que ce n'est pas seulement des conférences, mais aussi des ateliers que tu devrais offrir ! » Et vlan ! un premier clin d'œil de l'Univers me montrait le chemin à suivre. Sans compter que j'avais ressenti l'importance de souligner le mot « atelier » pendant l'écriture, comme si mon Esprit insistait sur ce détail en particulier !

Mais je ne suis pas une fille facile ! J'ai attendu d'autres confirmations avant de bouger. Le lendemain, je suis allée à la bibliothèque municipale pour emprunter quelques livres dans le rayon de la spiritualité. Comme c'était souvent mon habitude à cette époque, j'ai laissé courir ma main sur le dos des livres pour que l'un d'eux me choisisse, et non l'inverse. Mon index s'est arrêté instinctivement sur un bouquin d'Arnaud Desjardins, maître à penser français qui a consacré sa vie à démystifier et à adapter pour l'Occident de grands enseignements spirituels orientaux, aux fondements universels.

Je ne me souviens même plus du titre, mais ce livre traitait de la relation entre le maître et l'élève. Arnaud affirmait notamment que les meilleurs enseignants ne sont pas nécessairement les grands maîtres, mais bien les apprentis qui viennent d'intégrer, en tout ou en partie, des notions qu'ils ont l'élan de retransmettre au plus grand nombre. Il ne m'en fallait pas plus pour me convaincre que je correspondais fièrement à ce profil de « petit maître » tout excité d'enseigner une technique efficace d'ouverture de canal et de reprise de pouvoir.

Il est intéressant de mentionner que je n'ai jamais travaillé avec le producteur qui m'avait contactée à ce moment-là. Une synchronicité est avant tout un clin d'œil de l'Univers qui nous confirme la justesse d'une Inspiration, d'un élan, d'une intuition persistante. J'ai par la suite décidé, à la lumière de ces « confirmations divines », de faire une deuxième profession de foi. Dans les jours qui ont suivi, j'ai contacté deux femmes de mon entourage qui avaient déjà manifesté le désir de collaborer avec moi. Je voulais vérifier si elles acceptaient d'embarquer aveuglément dans mon projet de monter une structure pour donner des conférences et des ateliers partout au Québec à partir de janvier 2011. Faut croire que je n'étais pas la seule folle illuminée à rêver d'un monde plus ouvert et conscient, puisqu'elles ont accepté spontanément de faire partie de l'aventure, sans même en questionner la faisabilité !

Et la magie a opéré. À la fin septembre 2010, Denis Lévesque, l'animateur d'affaires publiques à TVA et LCN, m'a invitée à parler de mon premier livre, *On ne meurt pas*[1], qui venait d'être réédité aux Éditions Publistar. Constatant l'engouement du public pour ce genre de sujets, il a récidivé en décembre, m'invitant cette fois à remettre les pendules à l'heure sur la supposée fin du monde prédite par les Mayas, qui devait avoir lieu le 21 décembre 2012. Cette chronique a suscité tellement d'intérêt que la boîte aux

1. Éditions Publistar, 2010.

lettres électronique de mon tout nouveau site Internet a été inondée de demandes d'informations et d'inscriptions aux conférences et ateliers de la saison hiver-printemps 2011 !

Si je vous raconte cette histoire, ce n'est pas pour m'en vanter, mais bien pour vous démontrer la puissance et la précision des directives de l'Univers quand on avance avec confiance sur la route du retour à Soi. Encore faut-il être attentif, bien sûr. J'aurais pu faire fi de ces synchronicités qui se bousculaient devant moi. J'aurais pu m'acharner à créer un nouveau projet pour la télé, même si je ressentais une certaine lassitude à animer des émissions qui me ressemblaient de moins en moins. Mais l'élan intérieur de suivre ma voie d'animatrice, par l'enseignement de l'éveil, était plus fort que tout. Je me suis donc mise à l'œuvre sur-le-champ.

Nous évoluons présentement dans une énergie de plus en plus intense qui nous bouscule, certes, mais qui du même coup supporte l'action. Le temps de manifestation, à partir d'une intention claire, a vu sa vitesse décupler ces dernières années, ce qui est un des effets très concrets de la bascule de conscience associée à l'année 2012, que les Mayas traduisaient par une accélération temporelle. Dans les faits, le temps ne va pas plus vite, mais la matérialisation de nos intentions est beaucoup plus rapide qu'auparavant. Que ce soit dans la réalisation de nos idéaux les plus chers, lorsque nous nous sentons en phase avec notre Être véritable, ou dans les défis qui suggèrent un changement de cap, quand nous avons renié notre Essence, le délai entre la pensée créatrice et sa réalisation est de plus en plus court.

Il est donc devenu primordial de porter attention à notre alignement pensées-paroles-actions, parce qu'il se manifeste à la vitesse de l'éclair ! J'appelle cette nouvelle réalité l'« effet boomerang ». On émet une forme-pensée qui, comme une onde voyageant dans l'Invisible, nous revient tel un boomerang en plein front, qu'on en soit conscient ou non. Aussi bien que cette intention soit lumineuse et créatrice, pour s'assurer un retour des plus gratifiants, ce qui s'est produit dès que j'ai amorcé le virage vers ma nouvelle vie.

La suite s'est déroulée comme dans un conte de fées. Partout où je passais, les salles étaient bondées, tant pour les conférences que pour les ateliers. Et ce succès ne s'est jamais démenti, le public étant au rendez-vous pour chaque nouvelle création.

Des créations que j'ai en grande majorité reçues en écriture inspirée !

L'ÉCRITURE INSPIRÉE QUI DÉVOILE NOS ANGLES MORTS

L'exercice régulier de l'écriture inspirée permet aussi l'accès à de nouvelles perspectives, pour voir au-delà de nos peurs, de nos conditionnements et de nos attachements.

Les éclairages demandés peuvent couvrir tous les sujets de la vie courante, sans égard à leur « niveau spirituel ». La question qui suit, posée après une visite au centre canin au printemps 2010, démontre bien que même les questions plus terre à terre sont entendues par le grand Soi. J'avais eu un coup de foudre pour un bébé schnauzer, et je tentais de savoir si cet élan était réel ou excessif, dans le contexte où j'avais déjà un autre chien et un chaton à la maison.

« Bonjour à mes amis du ciel. Je suis encore tombée amoureuse d'un chiot à l'animalerie ! Est-ce un caprice de ma part de vouloir un deuxième chien, une sorte de dépendance affective inconsciente ? Est-ce que ça pourrait bousiller mon équilibre ? »

Chère Âme, la notion d'équilibre est plus élastique que vous ne le croyez.

Quel est cet équilibre, alors que vous devez déjà vous occuper de deux animaux ? Est-ce qu'un troisième est un caprice ? Est-ce une forme de dépendance, une manifestation de votre impulsivité ? La question à poser serait plutôt de savoir s'il s'agit d'une impulsion de votre cœur, qui aime profondément les animaux, un élan réel qui sert votre créativité, ou si vous souhaitez surtout sauver cet animal de « son pauvre sort » en le sortant de sa cage. Allez-vous sortir tous les animaux de leur cage ?

La connexion que vous avez ressentie avec ce chiot est bien réelle, et vous l'aimerez autant que les deux autres compagnons. Deux ou trois, est-ce vraiment une grosse différence ? Votre choix sera le nôtre !

J'ai clairement ressenti le ton moqueur de la dernière phrase. Si ça se trouve, mes « Guides » se moquent de moi avec amour… Parfait !

La suite des choses m'a démontré que l'équilibre se maintient très bien avec trois animaux ! J'ai ramené la petite chienne à la maison, sans le dire aux enfants, pour leur réserver la surprise. Dans l'auto, j'ai spontanément dit à mon amoureux qu'elle avait « une tête d'Alice ». Quand ma fille l'a vue, une heure plus tard, elle s'est mise à pleurer et m'a lancé sans prévenir : « Maman, on devrait l'appeler Alice ! »

C'est le signe qui m'a confirmé que cette adorable boule de poil avait tout à fait sa place dans notre famille. L'autre chien, un berger de la SPA nommé Spike, nous a quittés dix-huit mois plus tard, mais Alice fait toujours partie de notre vie. Non seulement continue-t-elle d'égayer notre quotidien, mais en plus elle contribue à maintenir un équilibre émotionnel, tant pour mes deux enfants que pour moi-même. Comme quoi, suivre ses élans finit toujours par être payant !

L'écriture inspirée sert également à élargir mon champ de connaissances en m'apportant une compréhension plus fine de certaines notions. À titre d'exemple, je vais partager avec vous un texte que je transmets en atelier, pour la sagesse de son enseignement. Je connaissais déjà une partie de l'information contenue dans ce message, mais la perspective qui m'a été révélée a propulsé cette connaissance à un niveau supérieur.

Je vous mets en contexte. En octobre 2010, peu de temps avant mon grand plongeon vers une nouvelle vie professionnelle, je me suis levée un matin « du mauvais pied », comme le veut l'expression populaire. J'aime bien cette image pour décrire l'état de désalignement dans lequel je me trouvais au réveil. Je me sentais contrariée par tout, et mon fils de 13 ans a eu le malheur d'en rajouter. Après son départ pour l'école, je me suis sentie coupable d'avoir été impatiente sans raison valable. J'ai pris le temps de méditer pour me calmer. Puis, j'ai demandé à comprendre la source de ce comportement, en ayant toutefois une réponse préconçue en tête. En fait, je souhaitais que mon grand Soi me diagnostique une préménopause, ce qui m'aurait dotée d'un argument scientifique – les hormones – pour légitimer mes comportements explosifs inhabituels !

« Bonjour à mes Frères des étoiles. Je me sens *edgy* par les temps qui courent, au bord de la crise de nerfs en permanence. Pourquoi ? »

Chère Âme, en écrivant, vous voyez la signification de ces mots qui décrivent votre état intérieur, mais aussi celui de toute la planète. Respirez. Respirez consciemment plusieurs fois par jour, et faites le plein de Prana, *cette énergie de vie qui vous régénère et vous élève, pour rester au-dessus de la mêlée et ne pas sombrer dans le précipice, de l'autre côté du* edge, *comme vous dites. Vous êtes une éclaireuse et une enseignante-animatrice. Vous avez à éclairer ce précipice et à montrer les ponts pour que ceux qui veulent le traverser puissent le faire en pleine conscience, sans devoir passer par les fossés boueux. Vous voyez bien cette image. Par contre, chaque Âme doit faire le choix de voir ces ponts ou tomber dans le précipice. Vous n'avez pas le libre arbitre pour les autres…*

Je me suis arrêtée en cours d'écriture, alors que des images sur mon écran mental continuaient de me montrer comment élever à nouveau ma fréquence, pour ne pas sombrer moi aussi dans le précipice. C'est ce que j'appelle « l'écriture de paresseuse ». En un flash, j'accède à une vision d'ensemble de différents enjeux que mon grand Soi cherche à me faire comprendre, comme si on m'envoyait un fichier compressé de plusieurs informations. Par paresse, j'escamote en partie la suite du message écrit dès que j'en comprends l'essentiel. Pour les besoins de la cause, ici, sachez que je voyais clairement l'humanité au bord d'un précipice, du *edge*… et tous les humains s'apprêtaient à faire ensemble un pas en avant ! Cette image très forte était accompagnée de deux possibilités pour moi. Soit je continuais de jouer à la Mère Teresa, en tentant de sauver ceux qui tombent dans le précipice, au risque de tomber moi aussi en me penchant pour leur tendre la main ; soit je me contentais de montrer la direction vers les ponts qui mènent au Nouveau Monde. Dans le premier scénario, je me voyais abaisser ma fréquence vibratoire, d'où mon impatience et ma dispute inutile avec mon fils. Dans le second scénario, celui m'invitant à retrouver pleinement mon rôle d'éclaireuse qui guide les autres vers une reprise de pouvoir, je me voyais en pleine expansion, dans un état quasi euphorique, très loin du *edge*.

Cette réponse claire me suggérait donc de re-choisir un alignement en fonction de mes talents d'enseignante-animatrice et de délaisser le rôle de sauveuse qui, comme pour une grande majorité de gens, provient des conditionnements judéo-chrétiens qui me poussent à me comporter en « bonne fille » qui veut être aimée et reconnue. La voie à suivre était facile à choisir. Mais mon mental hyperactif, passé maître dans l'obstination (on m'appelait France « Oui, mais » quand j'étais jeune !), avait quand même besoin d'avoir raison. J'ai donc posé la sous-question suivante :

« Oui, mais êtes-vous certains que ce ne sont pas des symptômes de préménopause qui me mettent dans cet état ? »

Voici la réponse inattendue de mon grand Soi qui m'a ramenée à des notions que nous transmettons dans le livre *Tout se joue à chaque instant*[1], Pierre Lessard et moi. Inattendue, parce qu'on me montrait les angles morts d'un enseignement que je connaissais en théorie, mais que je n'avais pas encore expérimenté. Et puisque la connaissance passe avant tout par l'expérience, comme le disait si bien Albert Einstein, il m'a fallu attendre de la vivre, quelques années plus tard, pour la comprendre entièrement.

Les transformations dans votre corps, chère fille des étoiles, sont à l'image de cette transition que votre humanité est appelée à vivre. Vous avez choisi cette période de création intense pour entrer pleinement dans la vôtre. Vous allez passer de la procréation à la création. Votre création. Laissez votre corps faire son travail, il connaît le chemin vers sa pleine réalisation. Ne vous préoccupez pas des symptômes de la ménopause, ils seront très sobres, à votre demande, justement pour ne pas perturber cette nouvelle œuvre à

1. Éditions La Semaine, 2014.

venir. Il y aura certes quelques ajustements mineurs à faire dans vos structures énergétiques, mais cette période d'adaptation fera place à une grande création. Souriez et aimez la Vie. Regardez cette nature qui se transforme. Elle passera bientôt à l'hiver pour mieux renaître au printemps. C'est aussi ce que votre humanité vivra !

Voilà un bel exemple d'Inspiration qui met quelques années à se concrétiser. Avec le recul, je peux vous confirmer que j'étais encore loin d'être ménopausée à cette époque. Je me cherchais seulement une excuse « noble » pour engueuler mon fils en toute impunité ! Mais la vérité m'a été révélée de belle façon, si bien que je n'ai plus cherché à excuser mes gestes impulsifs par la suite, mais plutôt à faire amende honorable quand j'abaisse ma fréquence et que je perds patience. Quand mon fils est revenu de l'école ce soir-là, je lui ai demandé pardon. Puis, j'ai placé toute mon attention à me déployer dans mes dons naturels d'enseignante et d'animatrice.

Aujourd'hui, je vous annonce officiellement que je suis totalement ménopausée… et que je n'ai aucun symptôme ! Ou presque. J'admets subir des chaleurs occasionnelles que je peux toujours relier à des pensées désalignées de culpabilité ou de critique. J'ai fait l'exercice rigoureux d'observer ce qui se produit en moi quand j'ai une chaleur. Immanquablement, une pensée de jugement, de moi ou des autres, m'a traversé l'esprit dans les secondes précédentes. Je n'ai jamais de chaleur quand j'enseigne. Jamais non plus quand je joue, quand je ris, quand je dors, quand je suis absorbée par un bon livre ou une télésérie passionnante… Bref, si je ne suis pas dans ma tête en train de me sentir coupable ou de juger quelque chose ou quelqu'un, je n'expérimente aucun inconfort relié à la ménopause !

« *Watch your thoughts* » (surveillez vos pensées), dit le Dalaï-Lama. Sages paroles. Depuis quelques années, la science tend d'ailleurs à prouver que la pensée crée vraiment notre réalité. L'effet nocebo, qui provoque des symptômes imaginaires chez des patients prenant un placebo lors d'essais cliniques, démontre avec éloquence cette relation entre une pensée conditionnée et ses conséquences nocives sur notre santé.

Les pensées et les émotions positives, quant à elles, nous font sécréter de la dopamine, de la sérotonine, de l'ocytocine, autant d'hormones qui équilibrent et stimulent naturellement notre organisme et notre vitalité. Autrement dit, choisir nos pensées est bon pour la santé.

L'ÉCRITURE INSPIRÉE QUI GUÉRIT

Chaque fois que j'éprouve un malaise, que ce soit sur le plan émotionnel ou physique, mon premier réflexe est de chercher à en identifier la source par l'écriture inspirée. Un message de l'hiver 2013 illustre bien la puissance de l'Inspiration quand on s'accorde le droit d'écrire tout ce qui se présente, sans rien filtrer. Ce jour-là, j'étais en colère de m'être réveillée complètement courbaturée pour une nième journée d'affilée. Je ne comprenais pas les signaux persistants de mon corps à une époque où tout allait à merveille dans ma vie. J'étais amoureuse, mes ateliers et conférences attiraient des foules considérables, mes enfants étaient heureux, bref, je nageais dans le parfait bonheur. Pourquoi donc avais-je mal partout ?

Il faut savoir que dans la trentaine et la jeune quarantaine, j'ai souffert de crises de rhumatisme à répétition. La séquence s'avérait systématiquement la même : un choc émotionnel intense, causé le plus souvent par une peine de trahison ou d'abandon, suivi d'un épisode de mal de corps aigu. Les douleurs commençaient dans les chevilles et s'intensifiaient jusqu'à m'empêcher de marcher. Souvent, le mal se propageait dans toutes mes autres articulations pendant plusieurs jours. Je croyais pourtant avoir complété la guérison de mes différents thèmes de vie associés à ces blessures d'enfance (lire à ce sujet *C'est quoi l'amour ?*[1] aux Éditions Publistar). Cette grande guérison émotionnelle avait redonné à mon corps toute sa souplesse, et les crises de rhumatisme se faisaient de plus en plus rares, voire inexistantes.

Or, en ce matin de 2013, j'avais mal partout, mais cette fois, sans cause apparente. Je me suis levée, déterminée à en détecter la source. J'ai médité, comme toujours, et j'ai posé la question sans détour.

« Pourquoi ce mal persistant dans mon corps ? »

La réponse, complètement farfelue à première vue, m'a à la fois prise par surprise et laissée totalement incrédule.

Chère fille des étoiles, votre corps réagit aux nombreuses éruptions solaires qui se produisent actuellement dans votre système planétaire. Ces explosions envoient des ondes puissantes vers la Terre qui ont l'effet d'un coup de gong sur vos corps énergétiques, les faisant vaciller pour mieux les déstructurer. Certaines personnes plus sensitives ressentent ces transformations dans leur corps, ce qui est votre cas. Vous vivez, sur votre planète, une période intense de transition vers un Nouveau Monde. Il faut pour cela accepter les modifications de vos structures énergétiques qui vont s'adapter à une nouvelle fréquence.

Le « mal de corps », comme vous l'appelez, est une conséquence de ces changements en cours. Il n'y a rien à faire, il suffit d'accueillir l'inconfort actuel, cela passera…

J'ai refermé mon cahier, plus exaspérée que jamais ! Comment pouvais-je avoir tant d'imagination pour écrire des bêtises pareilles ? Je me souviens d'être descendue au

1. Éditions Publistar, 2012.

salon et d'avoir ouvert mon ordinateur pour relever mes courriels. Parmi les messages, il y avait la nouvelle infolettre de mon ami Pierre Lessard, le *channel* avec qui j'ai aussi écrit *Le maître en soi*[1]. Le titre m'a renversée : *Les effets des tempêtes solaires !* Pour en rajouter, le texte portait notamment sur les symptômes que ces éruptions provoquent dans nos corps physiques, dont « des douleurs articulaires ».

J'ai éclaté de rire, puis j'ai refermé mon ordinateur avec la conviction que nous sommes tous branchés à la même source de Connaissance universelle, il suffit d'ouvrir nos antennes. Pour la petite histoire, sachez que mes malaises physiques se sont en effet dissipés dans les semaines qui ont suivi.

Un autre texte, reçu lors d'un atelier que j'animais en septembre 2014, illustre cette capacité d'identifier la source de nos petits et plus grands maux grâce à l'Inspiration. À cette époque, je travaillais beaucoup dans notre nouvelle écurie, achetée un mois plus tôt avec Anne-Marie et son mari, Thomas, et j'avais souvent des douleurs au bas du dos. Nous avions mis beaucoup d'efforts à la nettoyer et à aménager les lieux, ce qui en soi me fournissait toutes les excuses valables d'être mal en point. Mais mon écriture m'a montré un autre aspect à ne pas négliger pour reconnaître la racine de ce malaise et pour m'aider à me rétablir au plus vite…

Chère fille de Dieu, que représente le bas du dos ? C'est le support de la colonne vertébrale, vos assises sur ce plan de la matière. Quand le bas du dos crie, c'est comme si toute votre structure grinçait, qu'elle demandait votre attention pour se redéfinir.

---

1. Éditions La Semaine, 2014.

Le bas du dos est associé au chakra du hara, siège de la création chez les êtres humains. Vous n'avez pas une faiblesse à cette partie de votre corps, mais une force d'assise qui cherche constamment à se redéfinir, à se rééquilibrer, à se réinventer, pour supporter votre nouvelle création.

Vous êtes à compléter un cycle de transmutation qui va permettre à votre véhicule corporel d'accueillir une nouvelle énergie. Il vous faut un dos solide pour supporter ce changement majeur. Acceptez de ralentir, de vous accorder des périodes de repos, pour offrir à votre dos un espace de restructuration. Remerciez-le, il va vous supporter dans la joie et la souplesse.

J'ai retrouvé ce texte en parcourant mes cahiers des dernières années dans le but d'écrire le présent livre. J'en avais complètement oublié le contenu. J'adore laisser reposer le fruit de mon écriture avant de me relire, parce que j'y trouve souvent des perles de sagesse et de vérité… des années plus tard ! Aujourd'hui, ce message prend tout son sens. En octobre 2014, j'ai créé mon « École de la Vie » et je me suis déposée dans un lieu de ressourcement non loin de l'écurie pour y donner de nouveaux ateliers d'éveil et de guérison. En novembre, j'ai lancé *Vivre et mourir… guéri !*[1], aux éditions Ariane, lors d'une journée de conférence avec quatre amies guérisseuses (dont Anne-Marie) qui, chacune à leur façon, proposaient des voies alternatives pour atteindre une meilleure santé globale. L'automne 2014 aura été en ce sens une saison de grande ébullition pour moi, une période charnière de rencontres déterminantes et de connexions à l'Inspiration qui ont donné corps à toute ma création des années suivantes.

---

1. Éditions Ariane, 2014.

Comme je vous l'ai dit, je ne reçois pas ce genre de messages tous les jours. Les autres matins, je vais capter de l'information pour me donner un enseignement plus ponctuel, parfois seulement pour aligner ma journée, parfois pour m'encourager à poursuivre ma quête d'absolu dans la joie et la légèreté.

Quoi qu'il en soit, c'est toujours un peu guérisseur, puisque je me permets de libérer ma pensée créative en la couchant sur papier et en laissant l'Inspiration me guider vers une version épurée, donc plus libre, de moi-même.

L'ÉCRITURE INSPIRÉE, UN OUTIL POUR INTERPRÉTER SES RÊVES

Pour être honnête, je n'ai jamais lu de livre ni suivi d'atelier dans le but d'interpréter mes rêves. J'ai utilisé quelques fois un dictionnaire de rêves pour mieux comprendre la signification de certains symboles marquants, sans jamais y trouver d'explications qui correspondaient vraiment à mon ressenti.

Qu'à cela ne tienne, l'écriture inspirée s'en est chargée pour moi. Tellement bien que je me suis mise à interpréter de façon inspirée mes rêves les plus significatifs pour découvrir la sagesse des enseignements qui s'y cachent, souvent sous forme symbolique. Chaque fois, j'ai été étonnée du résultat.

Le premier rêve qui m'a montré toute la richesse de nos voyages oniriques m'est revenu à l'hiver 2012 sans que je le demande, au beau milieu d'une séance d'écriture. Ma question portait sur un autre rêve que j'avais fait quelques jours plus tôt, dans lequel je volais au-dessus des lieux où je me trouvais, sous le regard médusé d'une amie. J'adore voler en rêve. Je demandais donc à mes Guides s'il y avait une façon de provoquer ce rêve consciemment.

Vous remarquerez que j'insiste sur les remerciements adressés à mes Guides, en guise de préambule à ma question, ce que je fais tout naturellement avant d'écrire, dans la conscience que ce rituel élève ma fréquence et me donne accès à un terrain de jeu d'Inspiration plus vaste. Je vous le rappelle, plus on se trouve dans des vibrations élevées, plus les messages sont fluides et précis.

« Bonjour à mes Frères des étoiles. Merci de l'accompagnement, merci pour la facilité avec laquelle j'écris ces temps-ci et merci de m'inspirer. Je veux rêver que je vole encore et que je rencontre à volonté des Êtres de lumière dans les autres plans de conscience. Comment faire ? »

Chère fille, vous nous rencontrez ! Toutes les nuits, vous venez à notre rencontre. Vous avez souvent des impressions de vaisseaux, n'est-ce pas ? Il en est ainsi. Vous vous déplacez dans votre véhicule de lumière, votre Merkaba, pour nous rejoindre toutes les nuits dans les autres dimensions. Les souvenirs que vous en rapportez sont codés, mais ils font leur effet.

Pourquoi avoir rêvé au cardiologue cette nuit ? Que fait le cardiologue, chère Âme ? Il opère des cœurs. Vous avez subi une intervention au cœur solaire, et le cristal qui y est logé est maintenant activé. Aimez ! Aimez tout ce qui Est ! Vous serez étonnée du résultat…

Ok. On va se le dire, j'ai parfois l'impression d'en avoir fumé du bon !

Sur le coup, je n'ai pas compris grand-chose de ce texte, comme c'est souvent le cas, mais je me suis mise à pleurer tellement j'étais émue par sa beauté et sa profondeur. Toutefois, si notre tête ne saisit pas instantanément toutes les subtilités des messages de notre Esprit, la sensation, elle, ne trompe pas. Et je sais que j'étais inspirée, parce que je n'utilise jamais le mot « Merkaba », même si j'avais une vague idée de sa signification à ce moment-là.

Il a fallu que j'aille vérifier sur Internet pour constater qu'il s'agit bien de l'enveloppe de lumière, le véhicule spirituel qui permet à notre Être de voyager dans les différentes dimensions.

En plus, j'ai été extrêmement surprise qu'on me rappelle le rêve que j'avais fait au petit matin et qui avait complètement échappé à ma mémoire après le réveil. En me permettant d'écrire tout ce qui me venait, sans réfléchir, la scène m'était revenue clairement en cours d'exercice. Je me voyais sur un bateau à deux étages, en grande discussion avec le papa cardiologue d'un joueur de l'équipe de hockey de mon fils. Nous nous trouvions sur le pont, d'où je pouvais observer à la cale nos deux garçons jouer à la balle en riant aux éclats.

C'est tout. Je ne me souviens d'aucun autre détail, si ce n'est que j'étais un peu troublée de cet échange intime avec le cardiologue, un homme timide qui ne m'avait pratiquement jamais adressé la parole. En racontant ce rêve à ma collaboratrice de l'époque, j'ai été encore plus étonnée d'apprendre que, selon elle, si mon écriture m'avait poussée à poser la question « que fait le cardiologue ? » c'était pour comprendre la signification de sa présence dans mon rêve. Cette technique, qui consiste à nommer chaque détail important et à écrire ce qu'il signifie, est enseignée de façon très similaire dans certaines formations sur l'interprétation des rêves. Il suffit d'expliquer à quelqu'un qui n'aurait jamais mis les pieds sur le plan de notre planète à quoi servent les objets, les lieux, les actions ou les personnages importants du rêve, pour en décoder la symbolique.

Dans ce cas-ci, les détails significatifs de mon rêve se limitaient à trois éléments : un cardiologue, des enfants qui jouent, et un bateau.

J'ai donc refait l'exercice en tenant compte de ce conseil et j'ai compris que le personnage du cardiologue faisait office de symbole pour que je comprenne le sens de cette « intervention au cœur » subie pendant la nuit. Dans un sens plus large, j'ai vu la métaphore que cette image représente, c'est-à-dire une expression de ma propre Conscience qui m'invitait à vivre cette ouverture du cœur pour me permettre d'aimer encore plus et mieux. En prime, la sensation claire dans ma poitrine au réveil, dont je me suis souvenue en me replongeant dans le scénario du rêve, me démontrait qu'il ne s'agissait pas seulement d'une lubie ésotérique, mais bien d'une réelle expansion vibratoire de mon cœur solaire. Je le répète, le mental peut nous jouer des tours, mais pas le ressenti.

Pour ce qui est du symbole des enfants jouant à la cale, j'ai interprété par la suite qu'il venait me rappeler l'importance du jeu et des rires pour accéder à la maîtrise, ce qui est devenu l'objectif de toute ma quête spirituelle. Parce que les maîtres vivent dans la joie à chaque instant.

Il me restait à comprendre le détail du bateau…

Une semaine plus tard, j'ai croisé le cardiologue à l'aréna. « Voilà ma chance de lui parler », me suis-je dit en m'assoyant à ses côtés dans les gradins. J'ai profité de l'occasion pour lui avouer candidement que j'avais rêvé à lui. En lui révélant les détails du bateau et de nos enfants qui jouaient ensemble, j'ai tout de suite vu son visage changer d'expression.

« — Qu'est-ce qu'il y a ? lui ai-je demandé, un peu confuse.

— C'est très étrange ce que tu me racontes là. La semaine dernière, j'ai fait quelque chose que je n'avais encore jamais fait de ma vie. Je suis allé en croisière avec ma femme…

— Ah, merci, je viens de comprendre le dernier détail de mon rêve ! Bon match ! »

Je n'ai pas élaboré davantage pour éviter de passer pour une folle… bien que j'y sois pas mal habituée ! Nul besoin d'en rajouter, j'avais ma réponse. Si mon Esprit souhaitait me transmettre un message codé d'« intervention au cœur solaire » en utilisant l'image d'un cardiologue que je connais, il fallait que j'aille le rencontrer là où il se trouvait : sur un bateau !

Je suis rentrée chez moi amusée par toute cette magie, sachant que je pouvais désormais faire confiance à mon écriture inspirée, même pour interpréter mes rêves les plus étranges. Depuis ce temps, tous les matins, au réveil, je referme les yeux et j'essaie de me les rappeler. Puis, je prends le temps d'écrire, surtout quand je fais des rêves métaphoriques qui me troublent ou me laissent perplexe, comme c'est le cas avec certaines symboliques érotiques. À titre d'exemple, j'ai rêvé au printemps 2013 que je faisais l'amour avec une de mes amies. Je ne vous cache pas ma confusion au petit matin, quand je m'en suis remémoré les détails. Pas que j'aurais un problème à changer d'orientation sexuelle, mais je préférerais en être avisée en état d'éveil ! Je me suis donc précipitée au salon pour méditer et j'ai demandé la signification de ce rêve quelque peu déstabilisant.

Voici la réponse qui m'a non seulement éclairée, mais aussi démontré la puissance de l'écriture pour décoder les allégories oniriques :

Chère fille, nommez les détails de votre rêve. Qui est cette femme ? C'est une amie, certes, mais aussi une âme sœur, une auteure, qui cherche comme vous à comprendre l'être humain dans toute sa complexité. Que voulait-elle ? Elle vous demandait de lui caresser les seins. Et qu'avaient-ils, ses seins ? Ils étaient inexistants, telle une poitrine d'homme qui ne peut pas nourrir la vie.

Que refusez-vous de nourrir dans votre vie, actuellement ? Quelle source s'est tarie en vous ? Quel élan créateur a été réprimé ?

Vous avez, par ce rêve, exprimé l'importance de caresser vos projets nourriciers, de créer à nouveau ! Créer à partir de vos élans de communicatrice, certes, mais aussi de mère nourricière, celle qui donne. Vous le faites déjà, mais pas toujours à l'échelle que vous le souhaiteriez, n'est-ce pas ? Alors, amusez-vous avec le processus créatif, ressentez vos élans profonds, ils vous surprendront…

Comment interpréter ce texte ? D'abord, comme une confirmation que mon orientation sexuelle n'était pas remise en question, pour l'instant du moins ! Mais, plus sérieusement, ce message m'invitait à prêter attention à un sentiment que je ressentais de plus en plus présent en moi, mais que je tentais de fuir pour éviter de bousculer mon entourage professionnel.

Après la réception de ce message, j'ai pris des décisions capitales pour la suite des choses. J'ai d'abord remercié mon équipe de collaboratrices, que j'adorais par ailleurs, en arguant que je pressentais des changements inévitables, sans pour autant en connaître la teneur. Mais j'avais confiance en la Vie, elle me montrerait le chemin à suivre… encore !

En mai de la même année, j'ai appris qu'on devait opérer mon amie Anne-Marie d'une masse au bas du ventre, qui s'est révélée cancéreuse. J'ai pris l'été de congé pour l'accompagner dans sa convalescence. Puis, j'ai transformé en profondeur la structure de mon entreprise, ce qui a donné naissance à mon École de la Vie.

Je pourrais évoquer encore des dizaines de rêves qui, après interprétation en écriture, ont élargi mon champ de conscience et m'ont fait grandir. Mais vous comprenez le concept et, surtout, l'importance de récolter la sagesse des enseignements nocturnes. Mon conseil : gardez à portée de main, sur votre table de chevet, un carnet pour y noter les détails percutants de vos rêves les plus significatifs, et faites-vous le cadeau de les interpréter par la suite en écriture inspirée. Qui sait quels trésors vous allez retirer, vous aussi, de vos merveilleux voyages au pays des rêves ! Parce que, aussi éclectiques soient-ils au niveau de la forme, la grande majorité de nos rêves constituent une ligne directe de communication entre le Soi et soi !

Terminons cette section avec les rêves prémonitoires, puisque, comme vous l'avez constaté, il m'arrive d'en faire de temps à autre. Bien sûr, tant que l'événement rêvé ne s'est pas produit, je ne sais pas encore qu'il s'agit d'une prémonition. Mais quand je me retrouve au cœur de l'action, exactement la même, au détail près, que j'ai vécue en rêve, je ne peux m'empêcher d'être totalement fascinée par cette faculté singulière de la « psyché » humaine, dans le sens premier du terme qui signifie « Âme » ou « Souffle de vie ».

Si on s'arrête un instant pour y penser, c'est assez surprenant quand même. Pour me prévenir d'une situation, ma Conscience voyage dans le temps, la nuit, et me rapporte avec précision des scènes qui se sont produites dans le passé, sans que j'en aie eu connaissance, ou des événements à venir. Comment cela est-il possible ? Et si c'est vraiment possible, ce dont je ne doute nullement aujourd'hui, tout est possible dans le domaine de la communication avec l'Invisible, non ?

Pour vous en donner un aperçu, je vais vous raconter le rêve troublant que j'ai fait au début décembre 2016. Cette nuit-là, j'ai rencontré un collègue du milieu littéraire, un mois avant son décès. Dans cet espace onirique, je pouvais percevoir que son état intérieur n'avait rien de joyeux. Le matin venu, en ouvrant les yeux, je me souvenais clairement de son regard hagard, de ses cheveux devenus tout gris et crépus, et de son ton un peu aigri qui m'avait laissé une sensation désagréable dans la poitrine. J'ai par la suite écrit un long texte dans lequel on me prédisait que « ça ne passerait pas la rampe de 2017 ». J'ai été extrêmement troublée par ce message reçu en Inspiration, d'autant plus que je n'étais pas une amie proche de cet homme et que je ne l'avais pas vu depuis quelques années. Pour ne pas sombrer dans la peur et l'impuissance, j'ai choisi de le voir comme un messager qui venait me rappeler l'importance d'entretenir avec encore plus de ferveur mes propres états de joie et de plénitude, pour que je puisse « passer la rampe de 2017 » !

Cet être est revenu me visiter en rêve la veille de sa mort, en janvier 2017. Sa présence était tellement intense et me semblait si réelle qu'elle m'a réveillée aux petites heures du matin, me laissant cette fois avec un sentiment de grande plénitude. Je ne voyais que son visage, suspendu à quelques centimètres au-dessus du mien, et je distinguais nettement ses traits, lumineux, détendus et souriants comme jamais. Il me regardait droit dans les yeux, avec une bienveillance émouvante. J'ai goûté pleinement la sensation qui m'habitait au réveil avant de raconter l'anecdote à mes proches « Pourquoi rêver à cet homme deux fois en un mois ? » me suis-je demandé, mi-interloquée, mi-amusée.

Imaginez-vous le choc que j'ai éprouvé le lendemain, lorsque j'ai appris la nouvelle de son départ. Des amis communs m'ont raconté par la suite qu'il était maintenu artificiellement en vie depuis quelques jours à l'hôpital. Instinctivement, j'ai fait le lien entre la légèreté qu'il dégageait dans le dernier rêve et celle de son Âme, libre de toute souffrance dans les plans parallèles.

Je retiens de cette expérience la sensation encore plus nette que la Conscience humaine a le pouvoir de voyager dans les autres dimensions, autant par les rêves que par les états altérés.

L'ÉCRITURE COMME OUTIL D'ÉVOLUTION

Pour moi, parler de l'écriture inspirée comme d'un outil pour évoluer est un pléonasme. Écriture inspirée = Évolution. Chaque fois que je prends mon stylo et mon cahier pour recevoir une guidance de l'Esprit, je grandis en tant qu'être humain ! En fait, le danger de cette pratique, c'est que votre grand Soi ne vous laissera pas rater votre vie en paix !

Oh, vous pourrez la rater quand même, si ça vous chante, mais sachez que votre nouvel outil de prédilection sur ce chemin d'éveil vous renverra, comme un miroir grossissant, les aspects les plus ombrageux de votre personnage, qui demandent d'être mis en lumière et dissous. C'est ce qui se produit quand le maître en soi commence à émerger. Il entend de plus en plus le souffle de son Esprit le guider vers une meilleure version de lui-même.

Le texte qui suit, capté en 2011, en est une belle illustration. Je tentais de comprendre mon agacement face à une situation vécue par un de mes amis qui, selon mon interprétation très subjective du moment, se faisait mener par le bout du nez par sa conjointe.

« Chers Frères des étoiles, pourquoi est-ce que je réagis si fort à cette relation de contrôle ? »

Chère fille de la Source, vous réagissez parce qu'une partie de vous porte encore cette « Germaine » [elle gère et elle mène] *qui veut contrôler l'homme qu'elle aime ! Il subsiste en vous une part qui voudrait que tout se passe à votre façon, comme votre très sage père vous l'a déjà fait remarquer* [messages captés par la médium et retransmis dans *On ne meurt pas*[1]].

Votre ami est en train d'émerger de son centre, en s'affranchissant de ses blessures logées au plexus solaire, pour remonter vers son cœur. Il lui faut pour cela affronter quelques démons, dont celui de l'abus et de la non-reconnaissance de son propre pouvoir. Vous n'avez surtout pas à lui dire quoi faire. Il le sait, dans tout son Être, et travaille à se choisir, à sa propre vitesse de « tortue », selon votre point de vue.

Maintenez sagement une distance entre vous et ce défi que votre ami doit relever, cela vous fera le plus grand bien et dissoudra la part de contrôle qui demeure accrochée au centre de votre Être, dans l'ego. Soyez patiente, il n'y a pas de bons ni de mauvais rythmes dans la guérison des blessures.

Outch !

Moi qui pensais retrouver dans mon écriture les bons mots pour aider mon ami à se sortir de cette relation que je considérais comme toxique, voilà qu'on me conseillait de me tenir à l'écart. Et pas besoin de vous dire que je ne m'attendais pas à me faire traiter de « Germaine » à sept heures du matin par mes Guides ! C'est ce genre de vérités crues que j'évoque quand je vous dis que votre grand Soi ne vous laissera pas rater votre vie en paix. Voyez ici la perfection de la mise en scène. Si je me sentais agacée par le contrôle de cette femme, ce n'est pas parce que mon ami

1. Éditions Publistar, 2010.

se laissait « mener par le bout du nez », en pauvre victime sans défense, mais bien parce qu'il me renvoyait, par un effet miroir impitoyable, le reflet de mes propres comportements contrôlants. J'ai commencé à intégrer ce jour-là une notion de base des plus importantes en psychologie humaine. Toute situation qui provoque notre irritation, agacement, jugement, critique, colère, ne peut être engendrée que par un effet miroir de ce qu'on porte en soi. Ou par de l'envie. Puisque je n'enviais nullement l'attitude de cette femme, il ne me restait qu'une option pour expliquer ma réaction : le miroir !

À la suite de ce message, qui m'a fait éclater de rire tellement il était criant de vérité, je n'ai eu d'autre choix que d'observer mes réactions dans le but de me libérer du contrôle. Bien sûr, je n'y suis pas arrivée en un seul jour. Il m'aura fallu des années pour dissoudre cet aspect de ma personnalité, qui me vient de la blessure de trahison, celle que je porte depuis l'enfance. Mais puisque j'ai demandé à retrouver le maître en moi, mon grand Soi me montre le chemin de la guérison à chaque occasion que je lui donne. La vigilance fait le reste du travail. Je m'observe constamment pour ne pas retomber dans le piège. Ma belle grosse blessure tend à guérir, pelure par pelure, sans que j'en sois pour autant rendue au cœur… sept ans plus tard ! Mais j'avance.

En passant, sachez que mon ami s'est séparé de sa conjointe quelques mois plus tard, après avoir repris une bonne partie de son pouvoir d'affirmation ! Quant à moi, chaque fois que je me fais prendre à mon propre jeu de vouloir tout contrôler, un acteur de ma grande pièce de théâtre vient me le rappeler de belle façon. Au moment d'écrire ces lignes, c'est surtout ma fille de 18 ans qui joue parfaitement ce rôle de composition quand je tente de diriger sa vie, consciemment ou inconsciemment. Et elle ne met pas de gants blancs pour me remettre à ma place. Mais tout demeurant une question de perspective, je considère ces petits accrocs à ma quête de maîtrise comme un incitatif clair m'invitant à retourner sur ma verticale, alignée avec mon grand Soi, un espace loin du contrôle, où je suis toujours en sécurité.

Cela dit, l'interprétation d'un rêve, en mars 2017, a aussi servi de catalyseur dans l'évolution de ma relation avec mon fils. J'avais rêvé qu'à 19 ans il portait encore des couches… et que c'est moi qui devais les changer ! Je me suis réveillée avec un serrement dans la poitrine et une chaleur que je reconnaissais trop bien, signe indéniable que mon amie des mauvais jours était au rendez-vous : la culpabilité.

En sortant du lit, j'ai laissé l'Inspiration interpréter ce songe pour le moins déstabilisant, quitte à ne pas en apprécier la teneur. Dès la première phrase, une légère contraction à la cage thoracique m'a confirmé que la réponse ne me plairait guère.

Chère fille de Dieu, voyez la réalité. Votre fils de 19 ans est encore à votre charge. Inconsciemment, vous continuez d'entretenir sa dépendance en lui offrant sans condition votre soutien financier. Par le fait même, vous l'encouragez à « faire dans sa culotte », comme vous le dites, puisque vous le maintenez insidieusement dans une forme d'enfance éternelle.

Laissez-le faire ses expériences et soutenez-le de votre amour. Votre fils est assez autonome pour faire ses propres choix. Laissez-le partir, il va voler de ses propres ailes. C'est la dernière ficelle qu'il reste à couper pour lui rendre son plein pouvoir créateur…

Croyez-le ou non, j'ai refermé mon cahier et j'ai « oublié » le contenu du message, tellement je ne voulais pas voir cette évidence. Il a fallu qu'on me le rappelle six mois plus tard pour que je consente enfin à vivre ce dernier détachement. Lorsque j'ai finalement informé mon fils, avec amour, que j'allais mettre un terme à mon aide financière, sans pour autant le laisser tomber, il m'a répondu d'un ton enjoué : « Pas de problème, je peux très bien me débrouiller tout seul ! »

Et re-vlan ! Comme quoi l'écriture inspirée donne accès à une plus grande perspective, difficile à voir avec nos œillères de troisième dimension, siège de l'ego et du corps émotionnel des humains. Tout mon Être savait pourtant qu'il était temps de laisser mon aîné prendre sa vie en main. Surtout qu'il en avait les ressources, après avoir reçu des prêts et bourses pour suivre son programme d'études en navigation, offert uniquement à Rimouski. Mais mes conditionnements de parent pourvoyeur continuaient d'exercer sur moi un pouvoir perfide, nourrissant une culpabilité associée à la peur de lui « couper les vivres ». Voyez par ailleurs comment cette expression populaire a induit une croyance pernicieuse pour plusieurs d'entre nous. « Couper les vivres » équivaut à une condamnation à mort, si on s'attarde uniquement à son sens littéral. L'écriture aura donc contribué au passage à m'affranchir du poids culturel des mots.

Avec le recul, je prends conscience qu'avant ce message, j'entretenais inconsciemment une relation d'interdépendance avec mon fils. Mon sentiment de tiraillement intérieur l'indiquait clairement depuis un certain temps, mais je l'avais ignoré pour me donner bonne conscience.

Le plus troublant, c'est que je croyais m'être déjà affranchie de mon rôle de mère-nounou-qui-veille-à-tout depuis quelques années. Je m'en vantais, même, à qui voulait m'entendre. Mais il restait un fil invisible qui maintenait le lien d'attachement… et de contrôle ! Puisque le véritable amour ne peut se vivre que dans le détachement, j'ai inventé un rituel pour le compléter. Dès que j'ai eu coupé ce dernier cordon, et non le moindre, le « cordon de la bourse », j'ai tout de suite constaté une sensation d'allégement. Cette décision me libérait non seulement sur le plan financier, mais aussi sur le plan relationnel. Aujourd'hui, je sais que le détachement est complet, parce que mon fils ne m'a plus jamais demandé d'argent ! Il m'appelle seulement pour le plaisir de me parler, ce qui me réjouit au plus haut point. Et il sait que je serai toujours là pour lui. Parce que détachement ne veut pas dire abandon. Une nuance qu'il m'aura fallu quatre ans à intégrer.

Pour ce qui est de l'aspect plus technique de l'écriture, je vous rappelle que je n'entends nullement les expressions « Chère fille de la Source… » ou « Chère fille de Dieu… » en début de réponse. Elles servent simplement d'amorce à mon texte, pour entrer dans l'action avec une petite touche poétique. J'aime penser que cette façon de faire attire, si je peux m'exprimer ainsi, les autres mots qui vont s'enchaîner avec tout autant de poésie, ce qui tend à adoucir les réprimandes de mon grand Soi !

L'ÉCRITURE INSPIRÉE, UN PONT ENTRE LES MONDES

Je vous le dis d'emblée, je ne suis pas médium. Pas au sens consacré du terme, qui attribue à ces gens le don particulier de communiquer avec les personnes décédées. Mais je persiste et signe pour affirmer que nous sommes tous médiums. Où est le paradoxe ? Il n'y en a pas.

Je ne suis pas médium, en ce sens que je n'exerce pas ce métier, par choix et par manque de talent. D'autres le font avec beaucoup de dextérité et de passion, comme j'ai souvent eu le privilège de le constater au cours de mes nombreuses années de recherche sur la Conscience.

Mais je suis médium, parce que, selon la définition du terme dans le Larousse, je sers constamment d'« intermédiaire » à la Connaissance subtile, d'où qu'elle provienne. Vu sous cet angle, nous sommes tous médiums à nos heures. Nous pouvons tous nous brancher sur l'Inspiration (et sur nos Sensations) et servir de relais à cette source infinie d'information qui appartient aux mondes invisibles.

Ce fait étant établi, j'admets que je reçois parfois des messages de personnes décédées. Et si l'on considère qu'il n'y a qu'un pas à franchir entre rêver à une personne décédée, alors que notre conscience voyage dans les mondes parallèles pendant le sommeil, et la contacter en état d'éveil, peu importe la technique, j'estime que tout le monde peut en faire l'expérience.

J'ai reçu une belle preuve de cette communication possible entre le monde des « vivants » et celui des « morts » (relatée dans *L'insoutenable légèreté de mourir*[1]) quelques heures après le décès d'Anne-Marie. Les mots me venaient naturellement, images à l'appui, pour décrire l'omniprésence que mon amie expérimentait de l'autre côté du voile. Je sais que ce texte était inspiré, principalement parce que mon mental épuisé par l'émotion et le manque de sommeil n'avait plus la force de s'interposer ni de rien filtrer. De plus, les informations que j'ai reçues ce matin-là ont aussi été transmises à d'autres personnes dans les jours qui ont suivi.

Au fil du temps, j'ai capté quelques autres messages de défunts, surtout des proches, mais aussi de personnes qui m'ont influencée, sans que je les connaisse personnellement. J'en déduis qu'il n'existe aucune frontière dans l'au-delà, ni barrière de temps, d'espace, de langue, de race ou de statut social. Il suffit d'accueillir l'énergie de la personne décédée et de s'ouvrir à un dialogue lorsqu'on ressent sa présence.

Une de ces expériences s'est produite en 2016, après le décès de mon idole de jeunesse, le chanteur Prince. Au lendemain de sa mort, de nombreux signes me ramenaient constamment son image en mémoire. Le premier s'est manifesté alors que je me préparais à danser dans mon salon, ce que je fais régulièrement pour garder la forme. J'ai appuyé sur la touche « aléatoire » de ma liste de musique *dance* téléchargée dans mon téléphone. La première chanson

1. Éditions La Semaine, 2017.

que j'ai entendue, au hasard d'une *playlist* de près de 100 chansons, a été *1999* de Prince. La deuxième ? *Kiss*, de Prince ! Le lendemain, j'ai programmé mon alarme pour être certaine d'arriver à temps à un atelier que j'animais très tôt le matin. Puisque j'utilise rarement cette fonction de mon iPhone, j'avais totalement oublié la chanson qui me servait de réveille-matin. Quand j'ai entendu *Kiss* une seconde fois en moins de douze heures, la curiosité l'a emporté sur la perplexité et j'ai osé poser la question qui me trottait dans la tête depuis quarante-huit heures.

« Pourquoi est-ce que je ressens si intensément la présence de Prince ? A-t-il un message à me transmettre ? »

J'ai d'abord vu apparaître sur mon écran mental les traits tirés du chanteur. Son regard semblait perdu, son teint était livide. Il se trouvait dans un espace inconnu, un peu glauque, d'une densité oppressante. J'ai instantanément ressenti dans toute ma cage thoracique la lourdeur qui l'accablait dans les derniers instants de sa vie terrestre. Les images se bousculaient pour me montrer que son départ marquait la fin d'une époque, celle qu'on a associée au mode de vie iconoclaste *sex, drugs and rock & roll*. Et j'ai écrit ce qui me venait de façon pressante, sans juger…

« C'est la fin d'une ère. La fête est terminée. »

Puis, j'ai senti la fréquence changer en moi et autour de moi, comme si mon regard intérieur s'élevait au-dessus du scénario. L'écriture a tout de suite pris une tout autre forme.

Chère Sœur des étoiles, l'Être que vous nommez Prince, ce Petit Prince, était un maître de son art, maître de la musique, adulé de tous. Et pourtant, il n'aura pas survécu à son orgueil. Vous avez demandé d'être libérée du vôtre, de cet orgueil qui vous enferme parfois encore dans une image, un personnage, n'est-ce pas ?

Mais qu'est-ce que l'orgueil, au fond, chère Âme ? C'est un sentiment de non-reconnaissance de ce que vous Êtes, qui vous fait douter de votre grandeur et vouloir ce que l'autre a, ou qui vous pousse à rechercher constamment le regard de l'autre pour qu'il reconnaisse ce que vous faites. Dans un cas comme dans l'autre, l'orgueil vous emprisonne dans un besoin incessant de reconnaissance qui n'a pas été comblé par la seule personne qui peut le faire réellement... Vous !

L'appel du Prince n'est qu'un miroir pour que vous puissiez voir celui qui sommeille en vous, le Seigneur et Souverain en chaque être humain. Vous êtes ce seigneur, ce prince, ce roi, ce dieu ! Reconnaissez-vous, reconnaissez-vous, reconnaissez-vous. Hier encore, vous avez douté, vous doutez de nouveau aujourd'hui... Combien de jours douterez-vous encore et laisserez-vous l'orgueil vous ronger ?

J'ai fermé les yeux et pris une grande respiration avant de me relire. La présence d'une énergie invisible, celle que j'attribue au grand Soi (ou à mes Guides), était si palpable que j'ai mis un certain temps à revenir à mon état « normal ». Je n'ai pas souvent cette impression, mais il m'arrive occasionnellement de me sentir grisée par ces vibrations de hautes fréquences qui traversent mon corps quand je pratique l'écriture inspirée, la même sensation que j'éprouve parfois en méditation.

Je n'ai pas eu à me lancer dans une grande analyse pour comprendre le sens du message. Au fond, je n'ai pas la moindre idée si c'est l'orgueil qui a tué Prince. Et cela n'a aucune importance, parce que je ne cherche pas à prouver quoi que ce soit par cet exercice de communication avec l'Âme d'un défunt. Mais je sais hors de tout doute que l'énergie de Prince m'a servi de miroir pour me renvoyer l'image saisissante de mon propre orgueil. On dit que l'orgueil est le dernier piège qui guette le maître jusque sur son lit de mort. Sachant cela, j'avais effectivement fait la demande, lors de mon petit rituel personnel d'écriture inspirée en début d'année, de me libérer de mes dernières couches d'orgueil. Et, croyez-moi, il en restait plusieurs à la mort de Prince, et il en reste à ce jour !

Quel personnage plus grandiose mon Esprit pouvait-il trouver pour me servir de messager ? Peut-être que l'homme faisait preuve d'humilité dans sa vie privée, je n'en sais rien, mais dans sa vie publique il incarnait à mes yeux toute la vanité de la rock star qui s'est fait prendre au jeu et qui ne s'accorde pas le droit de vieillir. Un ego démesuré, lui permettant certes de briller sous les projecteurs, mais qui cachait un être torturé hors de la scène. Et c'est l'image que mon Soi a choisi de me montrer pour que j'y voie le reflet de mes propres défis de non-reconnaissance… Très fort !

Si je vous parle de Prince, c'est surtout pour démontrer qu'il n'existe pas, selon mon humble observation, de limites à l'information qu'on peut recevoir en écriture inspirée, sinon celles qu'on s'impose soi-même. On peut l'utiliser de la même façon avec des personnes vivantes. L'énergie de l'Âme et de l'Esprit voyage librement, des deux côtés du voile.

En fait, j'aime croire que nous sommes des êtres illimités, qu'il suffit seulement de se le permettre. Les percées de la science tendent d'ailleurs à prouver cette théorie. Par exemple, dès qu'on s'accorde la permission de sortir des sentiers battus et de développer de nouvelles compétences, notre corps crée de nouveaux circuits neuronaux.

En somme, s'ouvrir à de nouvelles idées engendre de nouvelles activités cérébrales. C'est ce qui se produit quand on s'adonne à l'écriture inspirée. Se permettre d'écrire tout ce qui nous vient à l'esprit, sans laisser déteindre nos vieux schèmes de pensée, nous ouvre à une nouvelle réalité.

Personnellement, je ne suis pas très attirée par la communication avec les personnes décédées. Je préfère un contact plus large avec l'océan de la Connaissance universelle. Loin de moi l'idée de dénigrer le travail exceptionnel de plusieurs médiums qui mettent leur talent à profit pour aider leurs clients à traverser un deuil et à transcender leur peur de la mort. D'ailleurs, sans l'incroyable don de la médium qui m'a transmis des messages de mon père décédé alors que j'avais 14 ans, au début des années 2000, je ne vous parlerais pas de communication avec l'Invisible. J'étais à cette époque la reine des sceptiques, et surtout des ignorantes, et je le serai sans doute encore !

Dans mon expérience, par contre, l'écriture inspirée est une fenêtre grande ouverte sur la vastitude de la Vie qui englobe le monde des défunts.

LES « AVANTAGES COLLATÉRAUX » DE L'ÉCRITURE INSPIRÉE

Avec l'expérience, je constate que l'écriture inspirée a créé chez moi une ouverture de canal beaucoup plus grande que je n'aurais pu l'imaginer. En fait, je ne m'attendais pas à grand-chose, mais je peux tout de même affirmer avec joie, et un certain étonnement, que cette pratique régulière a établi des connexions insoupçonnées avec l'Invisible.

En clair, l'exercice régulier a favorisé un contact plus direct avec les mondes subtils. Comme si le fait de me brancher par écrit avec mon grand Soi avait construit un réseau de communication par câbles encore plus vaste et plus rapide. Je peux notamment demander une information par la pensée et recevoir mentalement une réponse presque instantanément… si elle est disponible et que je suis prête à l'entendre, bien sûr !

Un exemple éloquent de ce dialogue intérieur s'est produit au début d'avril 2017. À cette époque, j'avais mis en vente l'écurie, achetée trois ans plus tôt avec Anne-Marie et son mari. J'avais racheté leur part en 2015, lorsque mon amie était retombée malade, et je me demandais où j'allais aboutir. Je n'avais rien en vue, mais en sortant de méditation, alors que je tentais d'imaginer la suite des choses, j'ai « entendu » dans mon oreille interne que je ne devais « plus rien acheter pour un certain temps », mais que je devais plutôt « louer un appartement à Magog » !

Je sais, je vous répète sans cesse que je n'entends rien. C'était vrai au début de ma pratique de l'écriture inspirée, et ça l'est encore la plupart du temps. Toutefois, ces dernières années, j'ai commencé à percevoir le langage de mon grand Soi d'une façon inattendue. Pas comme si une version holographique du Moi, ou un Guide quelconque, apparaissait à mes côtés et me soufflait des paroles au creux de l'oreille avec un cornet de lumière ! Mais plutôt comme si ma Conscience me plaquait des mots dans le cerveau, ce qui me donne l'impression de les « entendre ». C'est la meilleure explication que j'ai trouvée pour décrire le fonctionnement de mon oreille interne. Tout ce qui touche au subtil porte bien son nom. C'est subtil, et par conséquent plutôt complexe à exprimer en mots. Voilà pourquoi je cherche les miens pour vous donner une image juste du processus qui se produit quand je me branche à cet aspect plus large de moi-même. Surtout que cette faculté est en pleine expansion et encore aléatoire. En clair, je ne maîtrise pas cet art, et je ne sais pas si je le maîtriserai un jour. Ce qui me semble une certitude, par contre, c'est que tout le monde peut développer ce talent. Avec le temps, j'ai donc appris à me faire confiance, sans tout comprendre du processus, simplement parce que l'inverse me faisait rater des occasions en or !

Ce matin-là, j'ai parcouru en auto la seule rue où je voulais habiter à Magog et je suis tombée sur un appartement libre, avec une vue splendide sur le mont Orford. J'ai signé le bail sans réfléchir (et sans avoir vendu l'écurie !), avec la conviction que mon Inspiration ne pouvait me tromper. J'ai de l'expérience, quand même ! Et elle a fait ses preuves à plusieurs reprises, notamment quand j'avais vendu ma maison de campagne et acheté l'écurie par un processus très semblable.

Puis, une fois l'appartement loué, j'ai recommencé à douter. J'ai la tête dure, paraît-il, alors je continue d'entretenir le doute, par moments, jusqu'à preuve du contraire... Heureusement, ce contraire se présente immanquablement quand je sais entendre le langage de l'Invisible.

Un mois plus tard, un couple charmant m'a fait une proposition que j'ai acceptée sur-le-champ et j'ai déménagé à Magog le 20 juin 2017. Les nouveaux propriétaires ont emménagé le lendemain dans la maison de ferme !

Depuis déjà plusieurs années, ce processus de connexion avec l'Inspiration directe ne se dément pas. Mon ressenti s'est également beaucoup développé, à un point tel que je ne réfléchis plus avant de prendre une décision. Je prends seulement le temps d'écouter la sensation qui vibre dans ma poitrine pour savoir si un projet, un contrat, un lieu de vie ou une relation résonne avec qui Je Suis. Quand je sens mon cœur s'ouvrir et vibrer, une sensation physique tout à fait réelle dans le centre de la poitrine, je sais que je suis à la bonne place. Quand ma cage thoracique se referme ou que ma gorge se noue, je sais que je dois tourner les talons et poursuivre ma route vers mon idéal.

Dans ces moments-là, l'écriture inspirée vient confirmer le ressenti trop souvent éclipsé par une pensée conditionnée envahissante. Quand la peur s'installe ainsi, parce que j'ai laissé mon mental s'emballer avant d'avoir eu le temps de décoder les sensations dans mon corps, je vérifie la direction à prendre en écrivant. Voici, à cet effet, un texte reçu après que le couple d'acheteurs eut fait leur offre pour acquérir l'écurie. Sachez que le doute avait fait ressurgir un brin d'amertume, après avoir tant investi de temps et d'argent dans ce projet, mais surtout un fond de culpabilité à l'idée de vendre cette terre bénie, seulement un an après le décès d'Anne-Marie.

« Ces gens sont-ils vraiment les bons propriétaires pour l'écurie, la terre et la maison ? »

Chère fille, quelle est la sensation dans votre poitrine ? Prenez un moment pour la ressentir de nouveau. Ces gens vous inspirent-ils confiance ? N'avez-vous pas ressenti leur amour inconditionnel des chevaux ? N'avez-vous pas eu l'élan de leur remettre la terre spontanément pour qu'ils y poursuivent leur propre idéal ?

Cette sensation franche ne peut certes pas vous tromper. Vous ressentez et vous percevez. Vos facultés intuitives et perceptives sont de plus en plus affinées. Quelles pensées vous sabotent ? Quelle peur nourrissez-vous depuis des mois, qui apporte son lot d'anxiété ? Votre pensée est actuellement dirigée vers la peur du manque, la peur de l'échec. Vous avez calculé mille fois vos pertes dans cette entreprise, mais avez-vous calculé vos gains ?

C'est ce que la Terre des chevaux est venue vous enseigner. Il n'y a pas de perte. Tout est expérience. Apprenez la leçon et continuez votre chemin. Le mot « échec » est chargé d'un lourd héritage. Vous l'avez bien ressenti récemment dans le discours de certaines personnes de votre entourage qui sont encore à départager le bien du mal. Vous, chère fille, avez fait la nuance. Il n'y a ni bien ni mal. Permettez-vous toutefois d'exercer votre discernement pour distinguer ce qui fait sens pour vous ou non. Faites-vous confiance.

Nous le répétons, vos ressentis sont justes. Amusez-vous sur tous les tronçons de la route vers la pleine réalisation de votre Être.

On ne peut plus clair comme message !

C'est tout à fait juste, ma première impression des acheteurs m'avait donné envie de leur remettre illico les clés de la propriété, sans regarder en arrière un seul instant. Je sentais qu'ils pouvaient gérer beaucoup mieux que moi une écurie. Je n'avais jamais eu les compétences pour le faire, de toute façon, et le départ d'Anne-Marie rendait insensée la tâche d'exploiter une telle entreprise toute seule. Mais le doute avait pris le dessus, par conditionnement de vouloir être une bonne personne et de continuer l'œuvre. Il est aussi vrai que je me sentais quelque peu lésée dans toute cette aventure, malgré un prix de vente très acceptable. J'avais beaucoup calculé mes pertes, tant financières qu'humaines, même si j'étais parfaitement consciente d'en être la seule responsable. Et j'oubliais par moments d'y voir toute la richesse de l'expérience initiatique. La Terre des chevaux m'avait enseigné tant de choses sur moi-même et sur la nature humaine en général que je ne pouvais qu'en ressortir gagnante sur tous les plans. Une sagesse que je n'aurais pu acquérir sans y laisser quelques couches d'ego… et une partie de mes économies ! Aujourd'hui, je raconte sur le ton de la blague que plusieurs chercheurs de vérités intérieures engloutissent des sommes colossales dans des voyages en Inde pour retrouver leur Soi supérieur. « Moi, pour une fraction du même prix, je l'ai trouvé à Waterville, au Québec ! »

En résumé, la pratique de l'écriture inspirée a inscrit en moi une mécanique de connexion qui prend maintenant des raccourcis pour accéder à la Connaissance. Ce qui ne m'empêche pas de l'écrire quand je veux conserver l'information.

J'en rajoute en vous racontant le dernier *download* d'inspiration que j'ai reçu un matin d'avril 2018. J'utilise volontairement le mot anglais pour la force de l'image, parce que c'est exactement la sensation que j'éprouve quand cela se produit. Une « descente de données en provenance du cloud » sur le disque dur de mon cerveau, qui me tombe dessus comme un éclair. Je demandais intérieurement un truc pour déjouer mon mental omniprésent et enfin rencontrer « Dieu » en méditation. J'ai été très surprise de voir apparaître sur mon écran mental le mot « thymus ». Puis j'ai compris de façon télépathique que je devais « entrer » dans mon thymus et descendre au milieu de la glande, par un mouvement de spirale, pour rejoindre l'infiniment petit qui est à l'image de l'infini grand, du Tout… de Dieu !

Je vous assure que je ne savais rien du thymus, sauf que c'est une glande. Et je n'avais aucune idée où elle se trouvait dans le corps humain. Pourtant, je pouvais très bien la sentir, derrière le sternum, et voir sa forme qu'on me montrait, pour les besoins de la cause, d'un vert émeraude éclatant, la couleur du chakra du cœur. Puis, j'ai ressenti un état de plénitude totale, un moment de grâce que j'associe à la rencontre du grand Soi, le « Dieu » en moi. Je suis sortie de cette méditation en me massant le centre de la poitrine pour atténuer la sensation vibratoire intense qui persistait derrière mes os.

Et mon mental a repris sa place. Toute la place, en fait. Je n'avais qu'une idée en tête, aller sur Google pour savoir où se trouve le thymus et à quoi il sert ! Quelle ne fut pas ma surprise de lire que cette glande, qui appuie le système immunitaire, est située « derrière la partie haute du sternum » ! Et ce n'est pas tout. J'ai aussi découvert que, selon Galien, un médecin grec de l'Antiquité, le thymus était considéré à cette époque comme « l'organe où se trouvait l'Esprit ou l'Âme » !

J'ai appris par la suite que dans certains cercles ésotériques, le thymus est le siège de l'Âme. L'avais-je déjà lu ou entendu auparavant ? Aucun souvenir. Si, lors d'une de mes conférences, on m'avait demandé où se trouve le thymus et quelle est sa fonction spirituelle, je n'aurais pas su quoi répondre. Honnêtement, jamais je n'aurais pu y penser par moi-même, encore moins voir la forme de cette glande et la sentir derrière mon sternum, sans l'union de mon Corps et de mon Esprit.

Et ce n'est qu'un exemple parmi tant d'autres. Les moyens que prend le Soi pour se frayer un chemin jusqu'à notre mental sont multiples. Dans mon cas, les chiffres alignés sur des cadrans, des immatriculations, des affiches... se bousculent constamment sous mes yeux, surtout en voiture, un des endroits où je me sens le plus inspirée. Chaque fois, je le prends comme une confirmation que l'idée qui me passe par l'esprit à ce moment est sans doute la bonne. J'adore ces petits clins d'œil de l'Univers qui me font sourire et apportent une touche de magie à la vie.

Dans le même ordre d'idée, je vois régulièrement, depuis ma tendre jeunesse, ces deux chiffres alignés : 11-11. On m'a transmis un jour que ces deux « 11 » successifs sont un code de reconnaissance pour les éclaireurs, une sorte de piqûre de rappel qui nous incite à voir notre propre lumière intérieure et à la répandre. Pour moi, le terme « éclaireur » signifie qu'on a accepté de briller pour permettre aux autres d'en faire autant. J'ai d'ailleurs reçu un magnifique message le 11 novembre 2011, qui m'a permis de le ressentir dans tout mon Être. Quelques mois auparavant, j'avais perçu en méditation que l'arrivée de la fameuse bascule de conscience, prédite par les Mayas au 21 décembre 2012, aurait plutôt lieu à l'automne 2011. Sur mon écran mental, je voyais les chiffres 11-11-11 briller d'une lumière blanche éclatante. En écriture, on me disait que je recevrais un « cadeau » ce jour-là. Je me souviens d'avoir éprouvé une grande fébrilité en retranscrivant ce texte, sans savoir pour autant à quoi m'attendre.

Par une synchronicité inouïe, le samedi 11-11-11, j'animais un atelier d'écriture inspirée à Montréal. À 11 h 11, j'ai demandé au groupe d'observer une minute de silence pour accueillir les énergies de ce Nouveau Monde en construction. Au même moment, les cloches de l'église voisine se sont mises à sonner… pendant une minute ! Nous avons tous été très émus par ce « cadeau du ciel ». Peu après, pendant que les participants faisaient l'exercice prescrit, j'ai pris mon stylo et, mue par un sentiment d'urgence peu commun, j'ai écrit en toute hâte :

« Merci pour ces cloches ! Et merci de m'éclairer sur le cadeau que je dois recevoir aujourd'hui… »

Chère Âme, vous en avez reçu l'image en méditation. Faites-vous confiance, c'est ce que vous nommez votre écriture de paresseuse ! Les cloches qui ont sonné à 11 h 11 n'étaient pas le fruit du hasard, mais bien un alignement cosmique pour vous signaler que la récréation a sonné, pour vous, mais aussi pour nombre d'éclaireurs dans cette salle, dont le cœur vibre en harmonie avec la Terre-Mère, dans les dimensions de la Conscience et de l'Amour. Célébrez ce moment de grâce. Il est temps de déposer les épées de lumière et de vous amuser, de jouir de ce que le plan terrestre peut vous apporter dans toute sa beauté et son abondance.

Le cadeau, c'est la joie pure annoncée par ces cloches, ravissant le cœur de l'enfant qui sait s'amuser et goûter chaque instant de cette période bénie que vous nommez la « récréation », après de longues heures de labeur passées en classe. Vous êtes en récréation de la classe terrestre. Applaudissez-vous, vous avez réussi le test !

Pour éviter que ce texte soit mal interprété, sachez qu'en écrivant, je voyais aussi la signification du mot « récréation ». Il ne s'agissait pas d'une période de vacances oisives, où l'on ne ferait plus rien pour le reste de sa vie. La récréation peut être exigeante, parfois ! Les enfants ne vont pas faire la sieste dans la cour d'école, ils vont jouer. Et comme je le dis toujours en plaisantant : « On peut se foutre en burn-out à trop jouer au ballon-chasseur ! » Tout demeure une question d'équilibre. En fait, ce texte parle d'un état d'esprit nous invitant à jouer avec la Vie plutôt qu'à travailler sur soi. Cela ne veut pas dire que ce sera de tout repos. Mais j'ai compris ce jour-là que j'étais enfin allégée du poids de mes blessures émotionnelles et, par conséquent, que la vie serait plus douce.

Une autre façon pour mon Esprit de me passer ses messages est d'utiliser des paroles de chansons qui surgissent de nulle part et tournent en boucle dans ma tête tant que je n'y prête pas attention. Le jour de la Saint-Valentin 2018, par exemple, j'avais donné « rendez-vous » à mon amie Anne-Marie, que je souhaitais contacter en écriture inspirée. J'ai ressenti sa présence non seulement pendant la séance du matin, mais aussi tout au long de la journée. Le soir, en me couchant, un air tournait avec insistance dans mes pensées. Il a fallu que je me concentre pour enfin reconnaître une vieille chanson des années 1980, *That's What Friends Are For*, de Dionne Warwick, et « entendre » les paroles du refrain, que j'avais oubliées par ailleurs, mais qui me sont revenues par magie, comme si Anne-Marie me les chantait à l'oreille :

…
Keep smiling, keep shining
Knowing you can always count on me, for sure
That's what friends are for
For good times and bad times

I'll be on your side forever more
That's what friends are for…

(Traduction : Continue de sourire, continue de briller, sachant que tu peux toujours compter sur moi, c'est certain, c'est pour ça, les amis. Dans les bons et les mauvais moments, je serai toujours à tes côtés, c'est pour ça, les amis…)

Vous allez peut-être me dire que tout cela n'a rien à voir avec l'écriture inspirée. Moi, je dis que oui… Je considère tous ces signes comme des « effets secondaires » de mon entraînement quotidien à me brancher sur les mondes subtils. Pourrais-je développer ces facultés sans pratiquer l'écriture inspirée ? Sans doute. Mais peut-être pas avec autant de facilité.

J'insiste sur le caractère illimité de cette pratique. J'utilise l'écriture inspirée pour toutes mes questions existentielles, mais aussi pour établir un dialogue avec tout ce qui vit. Cette ouverture sur les mondes m'a même permis de prendre des messages par télépathie de mes chevaux, qui m'ont notamment servi à plusieurs reprises de miroir pour voir plus clair dans des situations difficiles.

En résumé, je vous le répète, le langage de l'Invisible n'a pas de limites, sinon celles de notre mental conditionné. Il ne tient qu'à nous de l'alléger de tous ses conditionnements.

L'ÉCRITURE INSPIRÉE, SOURCE DE SAGESSE

Pour en faciliter la lecture, j'ai divisé ce guide en différentes sections et donné des titres à chacune. Notre cerveau cartésien aime bien les petites cases et les étiquettes, question de mieux classer les informations et les apprentissages. Pourtant, absolument tout est interrelié. Il n'y a donc pas une technique d'écriture inspirée pour prédire l'avenir et une autre pour grandir spirituellement. Il y a une seule et unique connexion à Soi, et, par définition, avec la Sagesse universelle, même si on n'y accède que partiellement.

Selon mon expérience, quand j'écris avec l'intention de recevoir un éclairage sur une situation qui me préoccupe, une ligne directe de communication s'établit entre mon grand « Je » et mon petit « je ». Cet exercice crée un dialogue entre la partie de moi qui sait, le « Je Sais », et l'autre qui est conditionnée par ses peurs, ses croyances, son personnage, bref, par l'ego, le « je doute ».

Quand je me sens perdue au milieu de ce doute, emprisonnée dans de vieux thèmes qui remontent sporadiquement, il m'est difficile de rester alignée avec cet aspect divin en moi. En pareilles circonstances, la méditation, suivie de l'écriture inspirée, m'est toujours d'un grand secours pour me montrer le chemin du retour à l'alignement vertical. Et j'y récolte souvent au passage des trésors inespérés.

J'ai reçu un de ces joyaux le 16 janvier 2017, au lendemain de la mort de mon chaton de cinq mois, Daniel, écrasé par une voiture devant ma maison de ferme. J'avais eu le temps de tomber amoureuse de ce bébé minou que mon amie palefrenière m'avait apporté dans une boîte, d'une autre écurie où il y avait une surpopulation de chats. Avant de poser ma question pour mieux comprendre le deuxième niveau de ce départ aussi prématuré que brutal, j'ai spontanément exprimé ma tristesse et mon désarroi par écrit, pour m'en libérer. Je précise que Daniel était arrivé dans ma vie comme un baume sur mon cœur, à l'âge de huit semaines… deux mois après le décès d'Anne-Marie en août 2016 !

« Je suis sous le choc, triste et en colère. Daniel, mon bébé minou d'amour, mon cadeau du ciel, y est retourné. Je ne comprends pas pourquoi. Je ne veux pas vivre dans la peur de perdre ceux que j'aime. Pourquoi tous ces départs ? »

Quel est ce sentiment qui vous afflige, chère Âme ? Quel est ce manque, si ce n'est votre propre vide intérieur que vous ne voyez plus et qu'il vous reste à combler ? Sur ce chemin des retrouvailles avec qui vous Êtes, vous avez connu de gros manques, puis de plus petits. Vous avancez. Nous ne jugeons pas l'amour que vous portiez à votre chat, qui vous en est reconnaissant, par ailleurs. Il a reçu plus d'amour dans cette vie que dans tous ses passages sur ce plan terrestre. Il a fait le choix de partir dans cet apogée. Daniel, l'ange de l'amour, est venu en messager. Il vous a offert tout son amour, et vous en avez fait autant. Vous en êtes remplie !

Ne voyez pas le vide, mais le plein qu'il laisse. Daniel est parti comme il est venu, en surprise. Il est arrivé dans une boîte, tel un présent. Par son départ soudain, il vous fait maintenant le cadeau de vous libérer de toutes attaches.

Encore une fois, je ne sais pas, et ne saurai peut-être jamais, si l'information contenue dans ce texte est véridique en tout ou en partie. Encore une fois, cela n'a aucune importance. Ce qui importe, c'est que certains mots font leur effet guérisseur, souvent juste en les écrivant. La phrase « Ne voyez pas le vide, mais le plein qu'il laisse » a retenti en moi comme un tonnerre de vérité. Et la conclusion résume avec force l'essence du message : « … il vous fait le cadeau de vous libérer de toutes attaches. »

Je dois l'admettre, je m'étais attachée à mon chat. Moi qui prêche l'amour dans le détachement, je m'étais fait prendre à mon propre jeu. Comprenons-nous bien. Il n'y a rien de répréhensible à aimer avec intensité, tous les êtres vivants confondus, et tout ce qui Est. Seulement, on ne parle plus d'amour quand la douleur de la perte est si grande. Je souffrais terriblement du départ de Daniel et je venais de comprendre que cette douleur d'attachement porte un nom : la compensation. Je n'aime pas l'admettre, mais ce texte me faisait comprendre que j'avais inconsciemment demandé à ce chat de compenser une partie du vide laissé par Anne-Marie.

Peut-être que je me leurre complètement, peut-être que je me la joue et que toute cette Inspiration n'est qu'une mise en scène fabriquée de toutes pièces par mon ego pour atténuer élégamment ma peine. Mais il me plaît de penser que mon grand Soi a soufflé au moins quelques lignes de ce texte. Et ce sont celles que je garde. Parce que finalement je retiens principalement de ce message la leçon de détachement. Comment puis-je en être sûre ? Je ne le suis pas du point de vue intellectuel, mais j'ai appris à me fier à la Sensation de justesse qui remplit ma poitrine. Or, en me relisant, ce sont les mots « plein » et « libérer de toutes attaches » qui ont résonné le plus fort et m'ont fait frissonner.

Deux signes que la connexion avec le grand Soi est bien au rendez-vous !

DEUXIÈME PARTIE

RECONNAÎTRE L'INSPIRATION

LES PRINCIPAUX INDICES POUR RECONNAÎTRE L'INSPIRATION

Pour vaincre nos peurs et nos doutes liés aux nombreux mythes entretenus au sujet de la pratique de l'écriture inspirée, il est intéressant de savoir distinguer les signes qui attestent la qualité de notre connexion.

Plusieurs indices permettent de reconnaître l'Inspiration quand elle se présente. Mieux on perçoit les signaux pendant l'écriture ou la relecture, plus on a tendance à faire confiance à son talent et au processus lui-même. Plus on prend confiance en soi, plus les résistances tombent, et plus les messages deviennent fluides.

Si toutefois vous ne percevez aucun de ces indices, cela n'empêche en rien l'Inspiration de circuler. Peut-être est-ce seulement parce que vous n'êtes pas attentif. Et rien ne vous empêche de développer vos propres trucs pour confirmer que vous êtes bien inspiré.

L'effet de surprise

Le plus courant des indices que j'ai observés au cours de ma pratique est l'effet de surprise. Si, par exemple, vous êtes en train d'écrire et que vous vous entendez penser :

« Ah, ça, je ne l'ai vraiment pas vu arriver », ou que vous éclatez de rire tellement le contenu vous semble venir de partout sauf de votre cerveau, ou s'il est évident que vous n'y auriez jamais pensé même en y réfléchissant, vous êtes clairement inspiré.

Pour mieux le comprendre, comparons l'Inspiration à la réflexion. Quand on réfléchit, on part d'éléments connus qu'on assemble pour leur donner une forme cohérente. La réflexion fait appel au cerveau gauche, le cerveau logique, dit « intelligent », qui raisonne, calcule, analyse, décortique, fait des liens et structure notre pensée. C'est aussi l'hémisphère qui permet de développer le langage et de stocker le savoir, spécificité unique à l'espèce humaine. Pour l'illustrer, disons que vous écrivez une lettre au Premier ministre. Vous allez d'abord réfléchir, puis mettre vos idées en ordre à partir de pensées préétablies que vous souhaitez exprimer le plus clairement possible, pour ensuite former des phrases et structurer un texte.

L'écriture inspirée est à l'opposé de ce savoir-faire qu'on nous a inculqué depuis le primaire. L'école, encore aujourd'hui, formate le cerveau gauche en nous apprenant à composer des textes logiques, fondés sur la réflexion et l'analyse, ce qui est parfait en soi. Sauf qu'il nous manque la moitié de l'équation. L'écriture inspirée stimule plutôt le cerveau droit – le siège de l'instinct, des émotions, de l'intuition, du sens artistique, de l'intelligence globale – pour que l'Inspiration s'y glisse et soit traduite en concepts ou en idées. Cette nouvelle information s'organise simultanément dans le cerveau gauche, ce qui nous permet de l'écrire.

Le cerveau droit est plus conceptuel. Il gère la nouveauté et les apprentissages qui y sont reliés. Je le vois comme le « cerveau rond », par opposition au cerveau gauche, plus « carré ». Se lancer dans la pratique régulière de l'écriture inspirée, en se permettant de laisser tomber les idées reçues pour faire place à l'inconnu, stimule sans contredit notre hémisphère droit. Les nouveaux concepts reçus en Inspiration s'emmagasinent simultanément dans le cerveau gauche et peuvent se mettre au service d'une nouvelle création, une fois assimilés.

En résumé, selon mon évaluation empirique du phénomène, l'effet de surprise démontre que notre mental conditionné, le cerveau gauche, n'intervient que pour mettre les mots dans l'ordre à partir d'une Inspiration brute captée par le cerveau droit. J'en conclus que tout ce qui n'est pas réfléchi devient par conséquent inspiré. Partant de cette hypothèse, stimuler parallèlement nos deux hémisphères ne peut que décupler notre créativité, si on applique la règle d'or selon laquelle « le tout est plus grand que la somme de ses parties » !

J'ajoute avec conviction, après avoir guidé plusieurs adolescents, qu'on aurait tout avantage à enseigner l'écriture inspirée à nos jeunes, qui sont beaucoup plus conceptuels dans leur mode d'apprentissage que leurs parents. Cette simple technique leur permettrait de se brancher consciemment à leur essence créative et d'exprimer qui ils sont réellement, sans comparaison ni performance.

Une sensation d'urgence ou de perte de contrôle

À la pratique de l'écriture inspirée, si vous avez l'impression que les mots se bousculent dans votre tête, que ça va plus vite que votre pensée, que vous vous sentez pressé d'écrire, vous êtes sûrement inspiré. Si, de surcroît, vous oubliez au fur et à mesure ce que vous écrivez et que l'effet de surprise se fait sentir à la relecture, ça ne peut être que de l'Inspiration.

J'ai souvent été en mesure de constater cet indice qui me faisait même escamoter le processus par moments, pour tenter de capter l'essentiel du message, quitte à passer à côté de certains détails. J'ai pris conscience avec le temps que je suis le seul maître du jeu et que je peux, de ce fait, ralentir le flot des mots et imposer le rythme qui me convient, sans pour autant « perdre mon Inspiration ». Je compare l'Inspiration à un jet d'eau claire qui passe par le robinet de notre mental. Cette image me rassure et me donne la permission de contrôler le débit mots/minute, sans peur de rater quoi que ce soit. Je dis souvent pour plaisanter : « De toute façon, nos Guides n'ont rien d'autre à faire pour l'éternité de l'autre côté, ils peuvent bien nous attendre un peu ! »

Comment faire pour obtenir la bonne cadence ? Il suffit de fermer ou d'ouvrir un peu le robinet pour ajuster le débit d'eau. L'Inspiration est toujours disponible, suspendue quelque part dans le souffle de l'Esprit universel. Le plus souvent, c'est moi qui ne suis pas au rendez-vous. Dans ces cas-là, l'Inspiration m'attend ou elle va « embêter quelqu'un d'autre », comme l'explique si bien Elizabeth Gilbert dans son livre *Comme par magie*[1]. Quand je prends mon stylo et mon cahier avec l'intention claire de me rendre disponible et ouverte, j'ai le sentiment que l'Inspiration se fait indulgente et me laisse contrôler au moins la vitesse d'exécution !

---

1. Gilbert, Elizabeth. *Comme par magie*, Paris, Calmann-Levy, 2015, 320 p.

L'expérience m'a démontré que la Connaissance est bien vivante et accessible en tout temps, encore faut-il que l'humain soit présent. Vous avez peut-être déjà remarqué que plusieurs découvertes se font en même temps, aux quatre coins du globe, sans que les scientifiques, artistes, enseignants, inventeurs, philosophes et autres canaux de cette même Inspiration se connaissent entre eux. J'explique ce phénomène de synchronisme par une sorte de *networking* de nouvelles idées qui évolue avec l'époque en cours. Quand l'humain arrive à un nouveau degré de compréhension et d'ouverture d'esprit, de nouvelles connaissances peuvent être captées par les différents acteurs à l'écoute de leurs sensations et perceptions fines, qui vont ensuite les transmettre au plus grand nombre.

Une des conséquences de cette urgence d'écrire, quand on ne maîtrise pas encore le flot des mots qui se précipitent à la sortie, est sans contredit la difficulté à se relire, ce qui m'arrive à l'occasion. Lors des ateliers de groupe, j'ai aussi été témoin de ce phénomène qui tend toutefois à s'atténuer avec la pratique. Encore aujourd'hui, il m'arrive d'écrire si rapidement, pour essayer de suivre le flot de mon Esprit, que certains mots, parfois même des phrases entières, sont illisibles. Et ce n'est pas seulement parce que j'écris vraiment très mal, selon l'évaluation peu objective de mes proches ! Mais à quoi bon se donner toute cette peine si on ne comprend pas un mot de ce qu'on vient d'écrire ? Il faut, dans ces cas-là, respirer, se calmer et ralentir le mouvement. Parce que, je vous le répète, nous sommes le capitaine aux commandes du vaisseau !

Un vocabulaire ou un style littéraire inhabituels

Un autre indice pour détecter la présence de l'Inspiration est l'utilisation de mots qu'on connaît peu ou qu'on emploie rarement. Une tournure inhabituelle, qui n'a rien en commun avec notre style naturel, nous en donne également une bonne indication. La phrase « Le web est votre toile qui peut faire lever le voile » illustre bien cela. Je n'aurais jamais pensé, à partir d'une réflexion logique, utiliser cette forme « poético-spirituelle » qui ne me ressemble pas du tout. En fait, c'était comme si on me soufflait les mots depuis un autre espace. Et même si je connaissais tous ces mots, j'ai dû m'arrêter pour réfléchir au sens de la phrase.

Est-il possible d'écrire des mots qu'on n'a jamais entendus ou lus auparavant ? Certains le prétendent. Dans mon expérience, toutefois, je n'écris pas de mots dont j'ignore totalement l'existence. À l'occasion, je serai surprise par des mots ou des expressions que je n'utilise pas couramment. Je dois parfois même lire la définition dans le dictionnaire pour être certaine de leur signification. La magie opère quand je comprends à quel point ils ont été judicieusement choisis par mon Esprit pour apporter à la phrase toute sa précision !

J'en déduis que mon mental ne peut inventer de nouveaux mots présentement. Je place volontairement cette affirmation dans le présent, parce que je ne connais pas toutes les possibilités qui s'offrent au cerveau humain ni jusqu'où nous allons les développer. Je ne canalise pas la Connaissance à volonté non plus. J'aurais bien aimé recevoir en Inspiration la formule mathématique de l'énergie libre, que Nikola Tesla aurait découverte dans les années 1930[1], pour libérer la planète de l'emprise des produits du pétrole ! Mais je n'y ai pas accès, même si je le demande, entre autres parce que ce n'est pas un langage que je maîtrise.

Par contre, je peux avoir accès à de nouveaux concepts et à des révélations qui servent mon évolution, sans pour autant connaître tous les mots du dictionnaire. Il m'arrive aussi de capter des informations en anglais, de temps à autre, quand l'image m'apparaît plus forte dans la langue de Shakespeare. À titre d'exemple, voici la phrase qui est « descendue » en anglais après la méditation, en juillet 2017, et que j'ai écrite par la suite, pour ne pas l'oublier : *« It's not a place, it's a space I need to express who I AM. »* (Ce n'est pas d'une place, mais d'un espace que j'ai besoin pour exprimer qui Je Suis.)

J'ai beaucoup aimé cet enseignement qui m'est apparu de nulle part alors que je venais de quitter ma maison de ferme, les chevaux et les prés, pour emménager dans ce petit appartement à Magog. Une partie de moi, très conditionnée, persistait à croire qu'il devait y avoir une terre promise quelque part pour me permettre de me déployer dans toute mon Essence, et que cette transition en appartement ne représentait qu'une parenthèse pour me reposer un peu. J'ai saisi simultanément le sens élargi de cette phrase. On attend souvent d'être « rendu » quelque part pour goûter au réel bonheur. « Quand j'aurai ceci, quand je ferai cela,

---

1. Selon les tenants de la théorie de l'énergie libre, il existe depuis les années 1930 des technologies avancées pour remplacer les méthodes de production énergétique actuelles, mais elles auraient été supprimées par des regroupements d'intérêts pour lesquels le statu quo avec les énergies fossiles est plus avantageux.

quand j'aurai réglé tel dossier, quand je serai rendu à tel endroit, à tel niveau… je serai heureux. » Or, il n'y a pas de ligne d'arrivée au grand jeu de la Vie. Cette toute petite phrase est venue balayer du revers de la main les restants de croyance qu'aucun lieu, emploi, projet, accomplissement ou relation pouvait m'apporter l'état de grâce que je recherche pour vivre ma vie en maître.

Aucune « place » n'a le pouvoir de me connecter au divin en moi, si je n'ai pas d'abord trouvé cet « espace » à l'intérieur… et pris ma place dans cet espace. Parce que trouver sa place, c'est se reconnaître pour qui on EST, dans toute notre lumière, et l'exprimer à chaque instant. La quête de tout être humain, en somme, pour s'unir à Soi et aux autres.

Des révélations qu'on ne veut pas entendre

La connexion avec le grand Soi peut sembler impitoyable par moments, parce qu'elle ne nous laisse pas errer longtemps dans les sombres méandres de notre Être. Elle met directement en lumière ce qui doit être abordé et transformé… si nous osons le demander ! Il est facile de reconnaître l'intervention de notre Conscience quand on se permet d'écrire, sans filtre, une information qu'on aurait préféré ne pas savoir sur soi-même. Le message qui m'a montré sans ambages la « Germaine » toujours présente en moi ne pouvait donc qu'être inspiré, que ça me plaise ou non. Puisque j'ai aussi fait vœu d'humilité en empruntant le chemin de l'éveil, j'ai dû l'assumer. Faut bien que les bottines suivent les babines ! En clair, quand le vouloir et le faire ne vont pas de pair, l'Esprit se charge de nous le rappeler.

« Demandez, et il vous sera donné », disait Jésus. L'Inspiration en rajoute : « Demandez, et l'écriture vous exaucera ! »

Une sensation d'être à deux niveaux

La sensation de se trouver à deux niveaux est le plus subtil de tous les indices d'Inspiration. Elle survient généralement avec le temps et la pratique. La première fois que j'ai éprouvé cette sensation, j'ai pouffé de rire, de satisfaction et d'étonnement. Non seulement je n'avais pas vu venir l'information que je transcrivais, mais j'étais soudainement consciente qu'une pensée indépendante traversait mon mental au même moment. « Maudit que c'est bon, il faut que j'appelle Anne-Marie pour lui raconter ça ! » que je m'entendais penser, alors que j'écrivais tout autre chose.

Je sais, faire plusieurs choses en même temps est une faculté qu'on attribue généralement aux femmes ! On se targue d'être multitâches, comparativement aux hommes qui seraient plutôt monotâches. Peut-être que cette boutade tire sa source du fait que les femmes développent plus naturellement les facultés du cerveau dit « intuitif », relié au principe féminin en chaque être humain, ce qui leur permet de réfléchir et de recevoir des informations subtiles en même temps. Cela dit, je parle ici d'une impression bien réelle de penser à une chose et d'en écrire une autre parallèlement.

J'avais déjà vécu cette sensation lors d'une séance d'hypnose au milieu des années 2000, qui s'est reproduite à plusieurs reprises par la suite. Dans cet état altéré induit par la voix de l'hypnotiseur, on peut vivre une expérience dans une autre réalité tout en ayant l'impression d'en être le spectateur. Il devient alors possible de penser en marge de l'action en cours, comme si notre Conscience était assise en retrait et assistait à un film projeté sur notre écran mental.

Forte de ces expériences vécues pendant mes années de recherches, j'ai reconnu la même sensation en prenant un message de mon grand Soi ce matin-là. Aujourd'hui, quand j'écris, je sais que je suis inspirée dès que je réagis spontanément à ce que ma main est en train d'écrire, sans réfléchir.

En résumé, si vous avez la sensation d'être séparé en deux et qu'une partie de vous s'amuse bien de ce que l'autre lui envoie, vous êtes inspiré !

Autres indices

Un autre indice, plus fréquent chez les médiums qui communiquent avec les personnes décédées, est un changement soudain de calligraphie. J'en ai vu quelques-uns rédiger une question de leur écriture habituelle, puis, sans crier gare, la forme des caractères changeait complètement dans la réponse, allant jusqu'à ressembler à s'y méprendre à la main d'écriture du défunt.

Personnellement, ça ne m'est jamais arrivé. Mais j'ai aussi observé ce phénomène chez certains participants aux ateliers. Ils passent littéralement d'une calligraphie à une autre dans un même texte, selon l'énergie qu'ils captent. Un paragraphe peut être écrit de leur main d'écriture normale, et un autre sera complètement différent, sans qu'ils puissent contrôler le changement de forme en cours d'exercice. Cette singularité demeure pour moi un mystère, mais je ne doute pas que l'Inspiration soit présente.

Les frissons pendant l'écriture, qui ajoutent un ressenti à l'Inspiration, témoignent en général de la justesse de son contenu. La plupart d'entre nous expérimentent ce symptôme physique sans passer par l'écriture. Frissonner, entre autres quand nous sommes témoins d'un événement ou d'un discours qui nous émeut ou qui résonne, est fréquent. Il m'arrive aussi de frissonner quand quelqu'un se confie à moi ou quand j'affirme un fait qui m'apparaît par des perceptions et intuitions. Je constate chaque fois que mon corps semble capter la justesse des propos émis, confirmé en simultané par ce frisson. Il en est de même quand on écrit pour soi ou pour un autre, en Inspiration. Alors, si vous frissonnez en milieu d'écriture, il y a de grandes chances que le propos soit inspiré.

Enfin, on sait hors de tout doute que notre écriture était inspirée quand on se relit quelques jours, semaines ou mois plus tard, et qu'une prédiction s'est réalisée ou qu'un enseignement, une révélation, une nouvelle idée a changé positivement le cours de notre vie.

AIDE-MÉMOIRE :
LES PRINCIPAUX INDICES
DE L'ÉCRITURE INSPIRÉE

- l'effet de surprise ;
- une sensation d'urgence ou de perte de contrôle ;
- un vocabulaire ou un style littéraire inhabituel ;
- des révélations qu'on ne veut pas entendre ;
- une sensation d'être à deux niveaux ;
- un changement de calligraphie ;
- des frissons ;
- des prédictions qui se sont avérées lorsque nous nous relisons quelques mois plus tard.

QUESTIONS FRÉQUENTES

En commençant votre pratique de l'écriture inspirée, il peut surgir une foule d'objections et d'appréhensions qui tendent à saboter le processus et à en influencer le résultat. Pour éviter que votre mental prenne toute la place avant ou pendant l'exercice, voici les questions qui reviennent le plus souvent en atelier, associées à des mythes que je prends un malin plaisir à déboulonner.

« Et si je n'écrivais rien ? »

La première inquiétude qui fait émerger le doute est souvent le syndrome de la page blanche. Cette crainte est légitime, et confirmée, si vous ne vous permettez pas d'écrire n'importe quoi dès le début, question de vous mettre en action. J'ai fait l'exercice des centaines de fois avant qu'une certaine fluidité apparaisse. En réponse à mes questions, j'écrivais tout ce qui me passait par la tête, même si cela me semblait loufoque ou pure invention de mon mental qui cherchait à me conforter dans mes croyances.

Avec l'expérience, j'ai constaté que le premier paragraphe de ce « n'importe quoi » est souvent un exercice instinctif de libération de mes peurs et préoccupations, pour ensuite faire place à l'Inspiration. Puisque j'ai écrit presque tous les jours pendant des années, et que je le fais encore régulièrement, je ne vous embête pas avec tous les textes moins significatifs, parsemés de ces « n'importe quoi », qui m'ont laissé quelques phrases ou quelques mots inspirés au passage. Peu importe, étant donné que je ne m'attends pas à recevoir de grandes révélations de l'Univers à tout coup, seulement à ouvrir mes horizons en accueillant de nouvelles perspectives.

« Est-ce vraiment inspiré ou le fruit de mon imagination ? »

La deuxième objection la plus courante de notre mental structuré est la peur que le contenu de notre écriture ne soit que pure invention de l'ego. Laissez-moi dissiper avec vigueur cette croyance tenace. Qu'on se le tienne pour dit, l'imagination est le terrain le plus fertile pour récolter la Connaissance. Tout ce que vous pouvez imaginer existe quelque part dans l'Univers[1]. Pas nécessairement sous la forme qu'on lui donne, mais tous les éléments qui apparaissent spontanément dans nos pensées dites imaginaires existent dans une dimension ou une autre. Si ce n'était pas le cas, nous ne pourrions pas l'imaginer. Voici à ce sujet un extrait du livre *Le maître en soi*, que j'ai coécrit avec Pierre Lessard :

« L'imagination est la capacité de l'Être à se projeter dans l'océan des connaissances universelles, que nous pourrions nommer l'imaginaire. L'imaginaire a souvent été

1. Lire la partie consacrée à l'imagination dans le chapitre « Les États Expansifs », dans *Le maître en soi*, éditions La Semaine, 2014.

perçu par les êtres humains comme une capacité de l'Esprit de créer ce qui n'existe pas. En fait, il s'agit plutôt d'une véritable capacité de l'Esprit de créer à partir de ce qu'Il capte dans différentes réalités de l'Univers, des éléments qui n'existent pas encore dans sa réalité actuelle. »

Si on se fie à cette affirmation, l'imagination devient aussi une ligne directe pour se brancher au Soi. Évidemment, personne ne veut avoir l'impression de s'inventer une histoire pour répondre à une de ses questions existentielles. Or, s'il n'y a pas de distinction à faire entre l'imagination et l'Inspiration, il devient impératif de transcender la crainte que l'information recueillie soit inventée. Les grandes découvertes proviennent de l'imaginaire débridé d'inventeurs et chercheurs qui ont osé dépasser leurs peurs et les idées reçues pour sortir des sentiers battus. La peur paralyse, mais l'audace donne des ailes. Alors, amusez-vous à imaginer, si vous ne vous sentez pas inspiré. Je vous rappelle qu'au final, ce qui est juste pour vous va résonner, et c'est tout ce que vous allez retenir.

Pour le reste, vous ne saurez pas si votre texte était réellement inspiré avant d'en vivre l'expérience. Parfois, ça prend des années. Quoi qu'il en soit, une pratique régulière de l'écriture inspirée permet en prime de cultiver des sensations de paix, de joie, de réconfort ou d'excitation… ou toutes ces émotions combinées.

« Faut-il écrire au vous, au je ou au tu ? »

L'écriture inspirée n'a pas de langue spécifique, pas de style, pas de pronom personnel, pas de correcteur. Elle traduit un langage universel. Que vous écriviez au « je », au « tu » ou au « vous », ça ne change rien à la qualité du contenu. Vous pouvez même vous écrire à la troisième personne, s'il vous sied, l'Univers n'en a rien à faire ! Et vous pouvez faire toutes les fautes d'orthographe que vous voulez, personne ne va vous corriger ! Certaines personnes se restreignent par peur de faire des fautes. Sachez que j'ai interviewé d'excellents médiums qui écrivaient les yeux fermés, en lettres tout attachées, sans barre sur les « t » ni point sur les « i ». À la relecture, ils devaient insérer des barres latérales entre les mots et compléter la forme de certaines lettres pour comprendre ce qu'ils avaient écrit. Mais le contenu était renversant.

On ne pratique pas l'écriture inspirée pour performer. En fait, c'est l'activité la plus anti-performance que je connaisse, avec la méditation et la contemplation. Je n'ai pas de mal à le dire, je fais plein de fautes d'inattention quand je noircis mes cahiers d'écriture inspirée à toute vitesse le matin. Normal, mon attention n'étant pas dirigée sur la perfection de la forme, mais sur le lâcher-prise qui assure une plus grande précision du fond.

Si j'écris souvent en utilisant le « vous », c'est que j'en ai pris l'habitude au tout début de ma pratique, comme je l'ai déjà mentionné. J'ai constaté avec le temps que cette forme instaure une sensation de distance entre mon petit « je » et mon grand « Je », ce qui me donne la permission d'écrire tout ce qui me vient sans craindre d'être influencée par l'ego. Et je ne m'enfarge pas dans les fleurs du tapis avec la qualité de mon français. Je me permets même d'interrompre le flot d'Inspiration en plein milieu d'une séance pour revenir en arrière et réécrire un verbe quand je ressens un manque de justesse. Le verbe correspond à l'action dans la phrase. Si ce verbe écrit dans le feu de l'action ne représente pas l'essence du message, je trouve celui qui convient le mieux, par soucis de précision. Puis, je rouvre le robinet et continue à écrire en entretenant la conviction que l'Inspiration m'a attendue ! Eh oui, je me raconte ce type d'histoire parce que ça me détend et que ça rend l'exercice agréable.

Ces dernières années, j'ai aussi reçu quelques textes qui se sont naturellement écrits au « tu ». Je ne peux expliquer ce changement de pronom, mais la sensation est différente. Comme si j'accédais à une autre fréquence qui me parle plus intimement, d'un angle différent. Encore là, je choisis de ne pas me casser les méninges en cherchant à comprendre tous les changements de formes et de styles. Les résultats ne s'en trouvent que bonifiés.

« Comment détecter l'ego ? »

La crainte que l'ego déforme les messages du Soi est présente pour tout le monde. J'en ai fait l'expérience de belle façon, un matin de mars 2011. À cette époque, j'entretenais l'espoir d'enfin vivre une relation amoureuse avec mon beau voisin qui m'avait confié être en instance de séparation. Puisque je suis une personne directe, ma question à l'Univers a été sans détour : « Dans combien de temps sera-t-il libre ? »

La réponse est arrivée comme un éclair dans mon ciel gris, sans prévenir.

Chère Âme, cela va prendre le temps des semis…

Je ne connais rien à l'horticulture, mais au Québec, le temps des semis, selon mon évaluation de néophyte du moment, c'est quelque part en mai, début juin, peut-être ? En faisant un petit calcul rapide, j'ai tout de suite ressenti une contraction dans ma poitrine, signe que la réponse ne faisait pas du tout mon affaire. Tout ce petit manège s'est déroulé en moins d'une seconde dans mon mental hyperactif. Puis, j'ai posé une virgule, et j'ai continué à écrire.

…, soit deux à trois semaines avant que la relation soit complétée…

Il est inutile d'analyser la suite du texte, puisque tout ce dont on a besoin pour reconnaître l'ego se trouve dans cette phrase.

Décortiquons le procédé. L'Inspiration était clairement au rendez-vous au début de la phrase, si l'on tient compte de l'effet de surprise doublé d'un terme que je n'utilise jamais dans mon vocabulaire courant. Tellement que j'ai dû faire quelques pirouettes mentales pour prendre conscience avec effroi qu'attendre mai ou juin, « ah, non, c'est beaucoup trop long pour la fille impatiente en moi ! ». Mon ego, ce personnage manipulateur, a donc pris la relève et déformé la suite du message en ne faisant semblant de rien, comme si je pouvais berner mon grand Soi ! Et j'ai écrit « deux à trois semaines » au lieu de « deux à trois mois », qui représentait le délai réel avant le temps des semis. Voyez-vous comme c'est facile de tricher ? Le pire, c'est que j'ai refermé mon cahier en feignant l'innocence, et je suis retournée vaquer à mes occupations en parfaite hypocrite, sous le regard sans doute amusé de l'Univers !

Trois semaines plus tard, mon voisin n'était toujours pas séparé de sa conjointe. Je suis rapidement devenue très irritée par la situation, puis inquiète, à la limite dépressive. Et je me suis sabordée en retombant dans mes blessures d'abandon et de trahison. Il a bien sûr ressenti mon état et a commencé à prendre ses distances. Au bout de deux mois pile, il avait quitté sa conjointe… et quelques semaines plus tard, il était reparti avec une autre fille, me servant la plus grande leçon de vie : on ne peut pas se cacher de Soi !

Morale de cette histoire, faites attention à vos virgules !

Comment éviter le piège ? Il n'y a pas de recette miracle. Vous allez sans doute, tout comme moi, en prendre conscience. Il m'aura fallu revoir la scène en boucle dans ma tête pour ressentir, en décalage, la contraction qui m'avait prévenue que mon ego allait usurper mon pouvoir de créateur souverain. Les signaux étaient tous présents. J'avais bien reçu l'Inspiration juste, qui ne me plaisait pas, alors mon personnage a réécrit une partie du scénario. Et je l'ai laissé contrôler l'information impunément, pour que ça se passe à ma façon. La Vie s'est chargée, dans un effet boomerang impitoyable, de me montrer le mode d'emploi pour m'affranchir du contrôle. Cette petite « erreur » de parcours a provoqué une grande guérison émotionnelle et spirituelle, racontée en détail dans *C'est quoi l'amour ?*[1], qui m'a permis de transformer en profondeur ma conception des relations amoureuses. L'été qui a suivi, le plus difficile de toute ma vie, s'est aussi révélé le plus créatif, servant de base à une grande partie des enseignements que je transmets, depuis lors, en ateliers.

1. Éditions Publistar, 2012.

Voilà pourquoi on dit qu'il n'y a pas d'erreur dans la vie, que des expériences. Et certaines se révèlent plus initiatiques que d'autres !

« J'ai peur de ce que je pourrais m'attirer... »

Une des peurs souvent mentionnées chez les participants concerne la crainte de s'attirer des « énergies indésirables ». En vérité, ce ne sont pas les mots utilisés par ceux et celles qui me posent la question. J'ai volontairement changé le vocabulaire, parce que certains termes appartiennent à des croyances d'un autre temps qu'il est grandement temps de transcender. Les mots « entités », « esprits malfaisants », « âmes errantes », « fantômes » ont tous été utilisés pour susciter des émotions fortes, une recette éprouvée pour fabriquer l'horreur dans les films et les romans. En soi, ils ne sont pas négatifs. Ils le sont devenus en s'inscrivant dans une certaine culture populaire qui aime entretenir, voire provoquer la peur.

Je vous l'ai dit, l'écriture inspirée, telle que je la pratique et l'enseigne, n'est pas une méthode pour « parler avec les morts ». C'est une façon de se connecter au divin en soi. Si, au cours de l'exercice, vous découvrez que vous communiquez facilement avec les défunts, tant mieux. C'est la preuve que vous avez un talent sensitif naturel pour ce type de connexion, riche en enseignements sur la survie de la Conscience, qui peut servir à la fois votre propre évolution et celle des gens qui vous entourent.

Toutefois, l'écriture inspirée ne sert pas à entrer en contact avec l'astral, à moins que ce soit votre choix puisque vous contrôlez ce qui passe ou non par votre canal. À mon sens, tout est énergie dans l'Univers. Cette énergie vibre à différentes fréquences. Pour attirer les vibrations de haut niveau, il n'en tient qu'à nous de nous élever en fréquence, par notre intention du cœur et par la méditation. Cela dit, y a-t-il un quelconque danger à pratiquer l'écriture inspirée ? NON !

Le meilleur moyen de savoir à quelle fréquence on vibre pendant l'exercice est de porter attention à ses ressentis. S'exercer à contacter le Soi par l'écriture inspirée apporte une sensation de paix et une joie intérieure palpable, parfois même d'effervescence, qui indiquent qu'on se trouve à la « bonne place ». Si, à l'inverse, vous vous sentez las ou que la sensation dans votre poitrine vous alourdit, déposez le crayon et reprenez l'exercice plus tard ou le lendemain.

Cela dit, sur les milliers de personnes qui ont suivi mes ateliers depuis 2011, aucune ne m'a jamais rapporté avoir reçu la visite de « petits amis indésirables ».

« Dois-je absolument méditer avant ? »

Plusieurs personnes se demandent s'il existe un rituel obligatoire avant de se lancer dans l'écriture inspirée. La réponse est encore non. Personnellement, je n'ai jamais aimé faire les choses sans comprendre pourquoi je les faisais. J'ai commencé à méditer (ou à contempler, ce qui procure la même élévation vibratoire) en 2006, parce que je venais de comprendre à quel point cette pratique régulière allait faciliter mon propre chemin d'éveil. La méditation ne guérit pas les blessures du passé, mais elle offre un espace de paix pour y voir plus clair. Et surtout, avec le temps, elle permet une réelle intimité avec soi-même, qui nous révèle graduellement nos élans profonds et établit des connexions avec l'Invisible. À force de pratiquer la méditation, j'y ai découvert plusieurs autres vertus. Ces quelques minutes par jour où je me permets de m'asseoir dans le silence ont entre autres le pouvoir de dégager de l'espace dans mon mental ultra-conditionné. Pas banal comme bénéfice pour pratiquer l'écriture inspirée, si on tient pour acquis que l'Inspiration doit se frayer un chemin dans les méandres de notre cerveau encombré avant d'aboutir dans notre cahier. En somme, plus l'activité mentale tend à se calmer, plus il y a de place pour l'Inspiration.

Mais le plus intéressant des bienfaits de la méditation avant l'écriture, c'est l'état qu'elle procure, qui nous élève vers les plus hautes fréquences de notre Être. Accéder à cette vastitude de tous les possibles influence la qualité des messages qu'on reçoit.

La méditation est-elle garante de meilleurs résultats en écriture inspirée ? Pas nécessairement. Au risque de me répéter, il n'y a aucune obligation à cette pratique. Ce n'est ni une religion ni même une technique attestée. J'ai déjà vu mon amie Anne-Marie répondre spontanément, et avec précision, à une de mes questions à l'endos d'un napperon en pleine heure de lunch dans un restaurant bondé de Montréal ! Tout est possible. Je constate néanmoins que prendre dix ou quinze minutes pour se centrer avant d'écrire, question de se sentir plus près de notre axe vertical, tend à augmenter la fluidité et la précision des messages.

À vous d'inventer le rituel pré-écriture qui vous convient le mieux et vous apporte les meilleurs résultats.

« Comment savoir si ce que j'écris est vrai ? »

Même en appliquant tous ces bons conseils, il reste parfois difficile de savoir distinguer le « vrai » de ce qui pourrait être une distorsion de notre mental. Commençons par définir ce qu'on appelle « vérité ». Ce mot, employé à toutes les sauces, me semble bien élastique et malléable selon la perspective de chacun. La vérité de l'un peut être bien différente de la vérité de l'autre. Pour cette raison, je préfère utiliser le verbe « résonner », qui m'apparaît plus juste quand vient le temps d'évaluer la qualité de notre écriture. Ce qui résonne à la relecture, c'est-à-dire ce qui fait sens pour vous et correspond à vos valeurs et votre réalité, devient ainsi une vérité de l'instant, quitte à la voir démentie le lendemain. La vérité d'aujourd'hui n'est-elle pas trop souvent le mensonge de demain ?

Il y a cinq cents ans, nous croyions que la Terre était plate. Aujourd'hui, les progrès de la science et de la technologie balaient constamment d'anciennes théories pour les remplacer par de nouvelles. Pour dire vrai, en cette période de changement de paradigme, le rythme s'accélère de façon exponentielle chaque jour pour démentir les grandes vérités d'hier. Vu sous cet angle, va-t-on se priver de pratiquer l'écriture inspirée parce qu'on risque de se tromper ou d'obtenir quelques demi-vérités ?

J'ai choisi très rapidement de ne pas me restreindre sur ce plan, même si certains messages ne se confirment jamais ou qu'ils se révèlent parfois à côté de la plaque. Ce n'est pas ce que je retiens des milliers de messages reçus en Inspiration. J'ai accepté mon imperfection dans ce domaine (comme dans tous les autres !) et je ne me juge pas d'être désalignée certains matins. Primo, j'ai constaté fréquemment que mon impression de « fausseté » peut se transformer en « vérité » avec le temps. Secundo, je réclame le droit de me tromper, de recommencer, de me replanter… question de ne pas jeter le bébé avec l'eau du bain, et surtout pour honorer les apprentissages que ces « erreurs » m'enseignent en cours d'exercice.

Je me console en me rappelant que les facultés psychiques de médiums reconnus ont été testées en laboratoire par des chercheurs américains ces dernières années. Au meilleur des cas, le taux de précision sur les informations recueillies de l'Invisible atteignait 80 %. Va-t-on s'imposer la pression d'obtenir des résultats avérés à 100 % quand on s'adresse à notre grand Soi ?

Je ne sais pas pour vous, mais en ce qui me concerne, j'obtiens suffisamment de réponses concluantes pour continuer à peaufiner ma technique et profiter de ses bienfaits.

« Puis-je écrire à l'ordinateur ? »

On me demande souvent s'il faut absolument écrire à la main dans un cahier. Je répète que tous les chemins mènent à Soi dans la pratique de l'écriture inspirée. Voyez l'image. La main qui écrit est un prolongement de votre canal, que ce soit sur papier ou à l'ordinateur. Vu sous cet angle, vous pouvez bien écrire avec vos orteils, si cela vous chante, l'Univers s'en balance. Par analogie, il m'arrive de tirer les lames du tarot pour mes amis, par pur plaisir. D'autres interrogent un pendule ou l'antenne de Lecher pour obtenir des réponses de l'Invisible. Pour moi, tout ça revient au même. L'écriture inspirée n'est qu'un moyen parmi tant d'autres de se connecter à la Connaissance, peu importe ce qu'on souhaite en retirer.

Pour revenir à la forme, écrire à la main ou à l'ordinateur, sur une tablette ou un téléphone, n'a aucune incidence sur le résultat. Certains préfèrent taper sur un clavier, parce que c'est plus rapide pour eux. Qu'il en soit ainsi. D'autres aiment noircir des cahiers et les conserver pour la postérité. Alléluia ! Faites ce qui vous vient le plus naturellement ou ce qui vous convient le mieux, en toute confiance.

« Est-il préférable d'écrire le matin ? »

Je suis certaine qu'à cette étape de votre lecture, vous devinez la réponse. Matin, soir, nuit, milieu du jour, il n'existe pas de meilleur temps pour pratiquer l'écriture inspirée, si ce n'est le temps idéal pour vous ! Une de mes amies se sent en meilleure forme le soir pour écrire, quand tout le monde dort. Dans mon cas, c'est plus facile le matin, surtout parce que je ne suis pas une fille du soir. Dès que je m'arrête en fin de journée, je tombe de sommeil. À l'inverse, au petit matin, je me sens ragaillardie, alignée et motivée. Ma routine matinale, débutant par une méditation de quinze minutes ou plus, selon le temps dont je dispose, suivie d'une séance d'écriture, s'insère plus facilement dans mon horaire du matin. Sans compter qu'elle respecte beaucoup mieux mon biorythme.

En vous exerçant, vous allez vite trouver votre moment de prédilection. Suivez vos élans naturels, votre

Soi sait quand vous êtes le plus disponible à ses bons conseils !

« Faut-il créer une atmosphère particulière ? »

Pour ce qui est de l'ambiance souhaitée, faut-il allumer des chandelles, faire brûler de l'encens ou mettre une musique de relaxation ? Même réponse que pour les questions précédentes : NON ! Tous ces rituels deviennent intéressants seulement s'ils contribuent à induire l'état de paix et d'ouverture recherché. En ce qui me concerne, j'opte pour la simplicité… Aucun produit dérivé ! Dans les premières années, j'aimais faire jouer une musique relaxante pour me couper de toutes les distractions, notamment de mon vieux chien qui ronflait à mes pieds ! Aujourd'hui, parce que j'ai appris à l'apprivoiser, je préfère le silence à toute musique de relaxation disponible sur le marché. Encore une fois, le choix vous revient totalement, en fonction de vos goûts et besoins.

« Que faire quand l'Inspiration semble se tarir ? »

L'Inspiration avec un grand « I », branchée sur la Connaissance infinie, ne se tarit jamais. Certaines personnes pourraient écrire pendant des heures. Mais tous les textes captés de l'Invisible ont une fin, selon nos contraintes de temps et d'intérêt. Je pourrais souvent écrire beaucoup plus, mais par paresse, ou parce que je saisis l'essence du message sans devoir tout écrire, j'abrège volontairement les textes.

Parfois, la sensation d'avoir obtenu toute l'information disponible au moment où j'écris m'indique que la séance est terminée, à moins que je pose une autre question, pour creuser davantage le même sujet ou en aborder un nouveau. Il arrive aussi que je ne sois pas prête à recevoir une connaissance. Dans ce cas, les causes sont multiples. Il se peut que je n'aie pas atteint ce niveau d'évolution, ou que ce ne soit pas le moment, ou que la forme n'ait même pas encore été créée. Si, par exemple, je veux savoir à tout prix quand je vais décrocher tel contrat, il se peut que toutes les autres parties impliquées n'aient pas encore fait leur choix au moment où je pose la question. Il est alors inutile d'insister. Les fois où je l'ai fait, mon grand Soi s'est moqué de moi ! Et quand je m'acharnais à vouloir le savoir quand même, en posant la question au tarot, je tirais systématiquement le Fou ! Comme si tout l'Univers me disait : « Hey, la folle, cette information n'est pas disponible en ce moment, prends ton mal en patience ! »

J'en déduis qu'il y a un temps pour chaque apprentissage et pour chaque création, rien ne sert de vouloir en contrôler l'échéance.

« J'ai peur de ce que je vais écrire »

La crainte que certaines révélations reçues en Inspiration entraînent des changements radicaux dans leurs habitudes ou leur mode de vie revient constamment chez les participants aux ateliers. À cette appréhension récurrente, je réponds : « La pratique de l'écriture inspirée va assurément changer votre vie pour le mieux, et c'est merveilleux ! » Bien sûr qu'il y a eu de nombreux changements dans ma vie, motivés par les messages de mon grand Soi. Oui, certaines relations se sont transformées et plusieurs nouveaux projets ont vu le jour à la suite de messages révélateurs. Si vous craignez d'améliorer votre sort et d'élever votre niveau de conscience en pratiquant l'écriture inspirée, tenez-vous-en loin. Parce que cet exercice est résolument évolutif !

TROISIÈME PARTIE

LA TECHNIQUE

Attention, la pratique de l'écriture inspirée peut devenir addictive, pour cause de joie profonde et d'étonnement sans fin !

MISE EN GARDE

Mis à part le risque d'addiction à la joie, fréquent chez tous les pratiquants réguliers, il n'existe pas de restriction ou d'effets secondaires connus à la rencontre avec le Soi. Le pire qui me soit arrivé est d'avoir oublié instantanément certains textes moins percutants, qui ont tout de même apporté une touche de couleur à mon quotidien.

De plus, aucune technique d'écriture n'est plus efficace qu'une autre. Certains écrivent sans poser de question au préalable, se laissant naturellement guider par l'Inspiration divine. D'autres préfèrent orienter leur écriture en commençant par une question qui peut également contenir un préambule résumant le sujet de leurs préoccupations du moment, ce qui est généralement mon cas.

Pour vous mettre en action, je vous suggère toutefois une méthode simple qui a fait ses preuves, que vous allez au fil du temps adapter à vos besoins, selon qui vous êtes.

L'ÉCRITURE INSPIRÉE EN TROIS ÉTAPES FACILES

Méditez ou contemplez

Puisque je ne suis pas experte en la matière, je ne vous conseillerai pas une technique de méditation en particulier. Si vous avez déjà suivi un cours ou lu un livre à ce sujet et que la méthode vous satisfait, utilisez-la. Quant aux néophytes qui n'auraient jamais médité, ils trouveront sur le web d'innombrables suggestions de lectures et de cours en ligne ou en groupe.

Si vous souhaitez, tout comme moi, ne pas vous prendre la tête avec des procédures encombrantes, je vous invite à vous asseoir confortablement, le dos bien droit, en silence ou avec une musique de votre choix. Respirez profondément, en prenant soin de gonfler le bas du ventre avant de laisser monter l'inspiration jusqu'en haut de la cage thoracique. Suspendez votre souffle une ou deux secondes, puis expirez lentement. Répétez de trois à quatre fois, pour bien détendre votre corps. Puis, revenez à une respiration normale, sans effort. Enfin, focalisez-vous sur l'air qui entre et ressort par votre nez, ou sur le mouvement de votre ventre, ou sur le chant des oiseaux, ou sur les sensations dans votre corps… dans la simple intention de vivre un moment de présence et d'intimité avec vous-même.

Pour moi, la méditation précédant l'écriture sert avant tout de période d'intériorisation dans le but d'élever ma fréquence vibratoire et de me connecter avec le Soi supérieur. Pour y parvenir, il est essentiel de s'éloigner des soucis du quotidien et de créer un espace d'immobilité intérieure.

N'essayez pas de faire taire votre mental complètement. Pas au début, du moins. Je vous le répète, je médite tous les matins depuis 2006 et je n'y arrive toujours pas complètement ! Orienter nos pensées vers le moment présent, en suivant le mouvement de l'inspiration et de l'expiration, suffit amplement pour permettre au souffle de l'Esprit de circuler librement dans notre canal.

Posez une question

Prenez par la suite un cahier de votre choix, ou simplement des feuilles de papier à lettres. Commencez par poser une question ouverte, c'est-à-dire qui commande une réponse à développement. L'avantage de l'écriture, si on la compare à d'autres outils facilitant le contact avec l'Invisible, réside justement dans la possibilité d'obtenir une explication élaborée à une question précise. L'utilisation d'un pendule, du tarot ou de l'antenne de Lecher est plus limitée, puisque ces méthodes ne permettent d'obtenir qu'un « oui » ou un « non » à chacune de nos interrogations. L'écriture dévoile souvent des subtilités auxquelles nous n'aurions pas accès autrement, nous ouvrant ainsi un champ de conscience illimité.

Écrivez !

Dès que vous avez rédigé votre question, tout de suite après avoir griffonné le point d'interrogation, mettez-vous en action. Écrivez. N'IMPORTE QUOI ! Écrivez tout ce qui vous passe par la tête, sans réfléchir, sans filtrer, sans juger.

Si vous avez la sensation de bloquer dès le départ, de ne voir que le néant dans votre tête, inventez-vous une phrase béquille pour vous forcer à démarrer le processus. Cette phrase peut prendre une forme semblable à celle que j'utilise régulièrement : « Écrivez, l'Inspiration vient en écrivant… » Ou montrez-vous créatif et inventez une phrase de votre cru qui vous permettra, au moins dans les premiers temps, d'entreprendre votre écriture en toute confiance.

ASTUCES POUR DÉJOUER LE MENTAL

À force de pratiquer cette forme d'écriture, vous développerez vos propres trucs pour déjouer le mental. En attendant, je vous en suggère trois, qui s'ajoutent à la phrase béquille.

Utilisez la technique des sous-questions

Il arrive qu'on tombe tout à coup en panne d'Inspiration, après avoir écrit quelques phrases. La technique qui m'aide le plus à retrouver la connexion est de formuler des sous-questions en lien avec la question de départ. Si, par exemple, je suis en train d'écrire au sujet d'une relation conflictuelle, une sous-question possible pourrait ressembler à : « Qu'est-ce que ce conflit réveille en moi ? » ; ou : « Quelles actions, quels comportements, quelles paroles me dérangent chez cette personne ? »

Bien sûr, les sous-questions sont de purs produits du mental. Il faut réfléchir pour trouver une sous-question reliée au sujet principal avant de l'écrire dans son cahier. Pourtant, dès qu'on commence à répondre à cette sous-question, le mental s'ôte du chemin, cédant sa place à une toute nouvelle Inspiration. Ne vous inquiétez pas de la sensation de connaître la réponse d'avance. On écrit souvent ce qu'on sait déjà, au début du moins. Écrivez sans attente, et voyez où votre Esprit vous mène. Il se peut que seulement quelques mots, au milieu ou à la fin de l'exercice, vous surprennent et répondent par le fait même à votre questionnement.

Faites appel aux images, aux couleurs et aux ressentis

Une autre façon de contourner le mental est de faire appel à la vision intérieure et aux Sensations qui l'accompagnent. Cette méthode consiste à fermer les yeux, avant ou en cours d'écriture, lorsqu'on a l'impression que le flot est interrompu, et, sans rien forcer, à laisser monter des images, des couleurs, des formes, parfois même des sons. Puis, sans réfléchir à la symbolique, vous décrivez en détail dans votre cahier ce que vous avez vu sur votre écran mental ou entendu par votre oreille interne.

Le Soi a mille tours dans son sac pour passer ses messages. Il peut vous envoyer des images spontanées, sous forme de symboles chargés d'une signification qu'il vous restera à décoder. Ne vous inquiétez pas de recevoir des messages codés que vous pourriez ne pas comprendre. Il peut s'écouler des jours, voire des mois avant que vous puissiez assembler les pièces du puzzle. Et vous pouvez aussi ne jamais en trouver la signification. Dans tous les cas, laissez aller, ne forcez rien, et recommencez le lendemain. La persévérance et la pureté de l'intention sont vos deux meilleures alliées pour développer une aisance à écrire de façon Inspirée.

Si pendant cet exercice vous ressentez une chaleur, une joie soudaine, une excitation inexplicable, notez dans votre cahier le ressenti qui accompagne les images. Rappelez-vous que les Sensations sont le langage de l'Âme, qui vient s'ajouter à la voix de l'Esprit. En étant attentif à ce que vous ressentez, vous trouverez rapidement une façon personnelle d'interpréter ces signaux que vous pourrez par la suite reconnaître en toutes circonstances.

Dessinez ou barbouillez

J'ai interviewé des médiums qui ont commencé leur pratique en dessinant. D'autres barbouillaient n'importe quoi ou écrivaient le même mot cent fois. Jusqu'au jour où le premier message s'est élaboré dans une succession de phrases compréhensibles.

Si vous n'écrivez rien du tout au début, essayez une autre forme d'expression. Certains dessins ou gribouillis pourraient vous surprendre en répondant de façon symbolique à votre question. Comme le disait si bien Rumi : « Il y a une voix qui n'utilise pas les mots. Écoute. »

CINQ JOURS D'EXERCICES DIRIGÉS

Pour ceux et celles qui aimeraient commencer la pratique de l'écriture inspirée de façon plus encadrée, je vous suggère un exercice différent à faire chaque jour, pendant cinq jours consécutifs. Cet exercice dirigé d'une trentaine de minutes devrait vous permettre d'apprivoiser graduellement votre nouvel outil de communication avec votre grand Soi.

Jour 1 : le vide-tête

Le premier jour, après une période de méditation ou de contemplation d'une quinzaine de minutes, accordez-vous dix minutes pour écrire tout ce qui vous préoccupe, vos soucis ponctuels, vos défis plus profonds, etc., dans le but de vider votre mental des pensées récurrentes, voire obsessives, qui pourraient l'encombrer. Certains se sont déjà familiarisés avec les « Pages du matin », un outil enseigné par Julia Cameron, l'auteure du livre *Libérez votre créativité*[1]. L'exercice du vide-tête s'apparente à cette technique, en ce sens qu'il suggère de coucher sur papier toutes les préoccupations qui vous empêchent d'accéder librement à votre Soi, siège de toute créativité.

1. Cameron, Julia. *Libérez votre créativité*, Paris, J'ai Lu, 2007, 352 p.

Débuter par l'exercice du vide-tête vous permet non seulement de dégager de l'espace dans votre mental hypersollicité, mais aussi d'apprivoiser une forme d'écriture plus intuitive, qui ne commande par définition aucune réflexion. De plus, c'est une façon ludique de se lancer dans l'aventure sans se mettre la pression « d'être Inspiré » le premier matin. Qui sait, peut-être serez-vous surpris de reconnaître dans certains passages des indices d'Inspiration divine !

Après l'écriture, refermez votre cahier sans vous relire. Une séance de relecture est prévue à la fin de la semaine.

Jour 2 : donner une direction à sa vie

La deuxième journée marque le début de votre réelle pratique de l'écriture inspirée. Pour ce faire, accordez-vous d'abord une période d'intériorisation de dix à quinze minutes, en méditation ou en contemplation. Puis, ouvrez votre cahier et formulez une question simple pour découvrir quel angle, quelle direction donner à un projet (travail, lieu de vie, santé, relation, etc.) qui vous tient à cœur. Si vous n'avez aucun projet en chantier, mais que vous aimeriez ressentir la pulsion d'en créer un nouveau, demandez d'être éclairé sur la façon de stimuler un nouvel élan créateur en vous.

Je vous invite encore une fois à ne pas vous relire après la séance. Cette règle prévaut jusqu'à la fin de l'exercice dirigé de cinq jours. Prendre du recul après l'écriture permet souvent de mieux percevoir les indices d'Inspiration au moment de la relecture.

Exemples de questions :

« Un de mes projets [nommez-le] semble stagner présentement. Merci de m'éclairer sur la direction à prendre pour le mener à bien. »

« Pourquoi ce vide dans ma vie amoureuse [ou professionnelle] ? »

« Je ressens le besoin de changer de lieu de vie. Est-ce le bon moment ? »

« J'ai des soucis de santé actuellement [décrivez-les]. Merci de m'éclairer pour savoir comment être plus proactif dans ma guérison. »

Comme vous le constatez, il n'y a pas de formulation préconçue qui soit meilleure qu'une autre pour s'adresser au grand Soi ou à ses Guides. En fait, peu importe comment vous formulez votre question, l'Esprit capte d'abord votre intention. Une question claire et concise attire-t-elle une réponse d'une aussi grande clarté en peu de mots ? Rien ne le confirme. Par contre, prendre le temps de clarifier sa pensée avant de poser une question, notamment pour mieux se comprendre soi-même, ne peut qu'entraîner une plus grande clarté d'esprit. Le poète français Nicolas Boileau (1636-1711) n'a-t-il pas déjà écrit que « ce que l'on conçoit bien s'énonce clairement, et les mots pour le dire arrivent aisément » ?

Jour 3 : pacifier ses relations

Après la période d'intériorisation de dix à quinze minutes (méditation ou contemplation), posez une question à propos d'une relation qui vous semble tendue, voire conflictuelle, avec une personne de votre entourage ou quelqu'un que vous ne côtoyez plus, vivant ou décédé. Cet exercice vise à pacifier certains liens relationnels pour vivre votre vie actuelle avec une plus grande légèreté. Si vous croyez que toutes vos relations coulent de source, prenez un aspect de votre personnalité qui provoque des conflits intérieurs à répétition et demandez d'être éclairé pour mieux faire la paix avec vous-même.

Exemples de questions :

« J'éprouve des difficultés relationnelles avec telle personne [nommez-la]. Merci de m'en expliquer les raisons et de me dire comment résoudre ces problèmes. »

« Je sens que telle personne [nommez-la] réagit fortement à ma présence et à certains de mes commentaires. Pourquoi ? Et comment pacifier cette relation ? »

« J'ai tendance à trouver des excuses à tous mes écarts de conduite, pour sauver les apparences. Merci de me montrer le chemin à suivre pour être plus vrai avec moi-même. »

Encore une fois, la question peut être posée de mille façons. Cela n'affecte en rien la qualité de la réponse, pourvu qu'on se permette d'être entièrement transparent et réceptif aux bons conseils du Soi qui, je vous le rappelle, ne vous laissera pas rater votre vie en paix !

Jour 4 : voir ses angles morts

Après la méditation ou la contemplation, laissez remonter un sentiment (colère, impuissance, tristesse, ressentiment, frustration, surexcitation, etc.) qui vous a fait perdre vos moyens récemment. Posez ensuite une question sur l'origine de cette émotion et sur la manière de la maîtriser, pour réagir plus sereinement aux prochains événements similaires.

Exemples de questions :

« J'ai ressenti une colère soudaine en écoutant un reportage aux infos. Merci de m'indiquer la source de cette émotion vive et le sens de son message. »

« J'éprouve par moments une profonde tristesse inexpliquée. Merci de me dire pourquoi, et comment retrouver la joie. »

« Je me sens totalement impuissante devant telle situation [décrivez-la]. Comment puis-je changer les choses ? Merci. »

Vous remarquerez que j'utilise le mot « merci » dans chacune de mes questions. Les remerciements dans la question sont évidemment optionnels. Je vous rappelle que je le fais uniquement pour la sensation de gratitude que cela me procure. Vous pouvez ressentir cette gratitude par votre simple intention, et ce, sans jamais utiliser le mot « merci » dans vos questions. Le meilleur conseil que je peux vous donner est de formuler votre questionnement avec votre cœur, sans vous casser la tête avec les mots. Votre Esprit sait où vous souhaitez aller, il vous y conduira avec joie, peu importe le degré de poésie ou de reconnaissance contenu dans la question !

Depuis quelques années, j'ai tout de même pris l'habitude de commencer mes séances d'écriture par trois « merci » avant de poser une question. Je le dis avec conviction en présumant qu'il y a toujours une raison de remercier la Vie, peu importe les circonstances. J'ai observé que mon état intérieur se modifie instantanément, ce qui contribue à rendre l'écriture plus fluide et, sans doute, plus alignée avec mon grand Soi.

Jour 5 : style libre !

En ce dernier jour de l'exercice dirigé, ouvrez votre cahier après la méditation ou la contemplation, et écrivez : « Quel est le message pour moi, aujourd'hui ? »

Vous pouvez également vous lancer dans l'écriture inspirée sans poser de question, avec la simple intention de recevoir les cadeaux que votre grand Soi souhaite vous offrir. Ne tentez pas d'orienter le message qui se dévoile. Laissez courir votre stylo et découvrez au fur et à mesure ce qu'il vous enseigne.

Attendez le lendemain pour relire tous les textes de la semaine. Portez attention aux indices que vous pouvez d'emblée reconnaître, vous confirmant que vous étiez inspiré en écrivant ces lignes. Si un mot, une phrase, un paragraphe ou même tout un texte résonne, laissez couler le message en vous pour en intégrer la sagesse.

Puis, entrez dans le mouvement de la vie avec le sourire et l'assurance que vous êtes constamment guidé par l'Inspiration de l'Esprit et par les sensations de l'Âme !

Optionnel : l'écriture à deux

S'il vous est possible de trouver un partenaire avec qui pratiquer à l'occasion l'écriture inspirée, amusez-vous à lui poser des questions et à répondre aux siennes, pour le simple plaisir de tester vos facultés.

J'ai souvent répondu aux questions d'Anne-Marie, et elle, aux miennes, sans aucune rivalité ni pression de performance. Nous aimions simplement nous retrouver pour méditer et pratiquer l'écriture à deux, en nous posant l'une à l'autre des questions nous permettant de découvrir de nouvelles perspectives.

J'ai apprécié chacune de ces rencontres des plus motivantes et joyeuses, et elles m'ont aussi laissé en souvenir de magnifiques textes canalisés par mon amie, dont plusieurs sont reproduits dans *C'est quoi l'amour ?*[1] et dans *Vivre et mourir… guéri !*[2]

---

1. Éditions Publistar, 2012.
2. Éditions Ariane, 2014.

CONCLUSION

La période actuelle est toute désignée pour nous permettre de nous ouvrir aux mondes invisibles et pour nous inciter à créer souverainement notre vie, en phase avec notre Être véritable. Jamais l'énergie ambiante n'aura été si favorable au développement de nos facultés sensorielles et à l'élévation de la conscience. Dans ce contexte, l'écriture inspirée demeure l'outil qui aura, à ce jour, le mieux servi ma propre quête spirituelle. Pas dans le but de tracer mon chemin à l'avance, mais bien plus pour m'accompagner dans mon ascension vers une meilleure version de moi-même.

Que ce soit bien clair, je ne crois pas aux prédictions, même si j'en ai reçu plusieurs en écriture qui se sont avérées d'une grande précision. Je persiste et signe : l'écriture inspirée n'est pas un art divinatoire, puisque nous sommes les créateurs de nos vies. Je peux bien, en me branchant sur les innombrables probabilités inscrites dans ma matrice individuelle, capter en écriture une probabilité de scénario dans un avenir plus ou moins rapproché, mais je peux également créer complètement autre chose, en tournant à gauche ou à droite plutôt que de choisir la ligne droite qui aurait matérialisé cette possibilité. C'est d'ailleurs la raison pour laquelle le plus performant des clairvoyants de la planète peut vous faire de « fausses prédictions ». Sachant cela, quand une probabilité m'est révélée en Inspiration, je l'accueille comme toute autre information, dans une perspective évolutive, et non pour me prouver que je peux « voir dans l'avenir ». Et quand je crée de mon libre arbitre un autre scénario, je ne me juge pas incompétente pour autant.

Cela dit, tous les messages reçus en Inspiration contribuent à nous élever, qu'ils soient prémonitoires, percutants ou simplement d'une grande sagesse. Depuis que j'enseigne cette technique, des milliers de personnes ont vu leur vie se transformer par ce contact direct avec leur Esprit. Certains ont même eu l'élan d'écrire des livres après avoir intégré la pratique de l'écriture inspirée dans leur quotidien. Parce que tout est possible, quand on se laisse guider par l'Inspiration. Et sachez qu'avec l'accélération temporelle que nous expérimentons présentement, qui pourrait se comparer à la vitesse exponentielle de l'évolution technologique, vous pourriez accomplir en trois mois ce que j'ai fait en trois ans ! Il suffit de s'y mettre.

Je ne peux aujourd'hui que dire merci à ce grand Soi de se révéler un peu plus chaque jour par l'écriture, mais aussi par de nouveaux canaux de communication qui ne font que commencer à s'ouvrir. Je m'entends souvent dire, depuis le début de ma pratique, que « j'ai hâte au reste de ma vie » pour découvrir les innombrables possibilités qu'elle m'offre quand je me branche sur l'immensité de l'Univers.

C'est la grâce que je vous souhaite aussi en vous lançant dans cette belle aventure de reconnexion avec votre Être véritable.

Bonne Inspiration !

Lire les lignes de la main

Le guide pratique pour tout savoir sur les lignes de la main et leur interprétation !

Personnalité, dons, amour, travail, finances, grandes étapes de la vie... Les multiples sillons qui parcourent nos mains sont autant d'informations permettant de lever une partie du voile du destin.

Chris Semet vous invite à la chiromancie, l'une des plus anciennes techniques de divination : forme des mains et des doigts, empreintes digitales, observation des monts à la base de chaque doigt et sur le côté de la main, étude des quatre lignes majeures (ligne de vie, ligne de destinée, ligne de tête et ligne de cœur) et des lignes mineures, datation des événements. Chaque étude est illustrée de dessins précis pour un meilleur repérage et des exemples réels d'interprétation vous sont proposés comme des cas d'école, pour mener vos propres analyses.

Chris Semet, est voyant, astrologue et numérologue. Loin des clichés et des artifices, il pratique avec bienveillance et humanité, et propose dans ses ouvrages une approche moderne et accessible des arts divinatoires.

ISBN : 9782017200130

Le lotus & l'éléphant POCHE

www.lelotusetlelephant.com

Composition et mise en pages
Nord Compo à Villeneuve-d'Ascq